梦 山 书 系

"梦山"位于福州城西,与西湖书院、林则徐读书处"桂斋"连襟相依,梦山沉稳、西湖灵动、桂斋儒雅。梦山集山水之气韵,得人文之雅操。福建教育出版社正坐落于西湖之畔、梦山之下,集五十余年梓行之内蕴,以"立足教育、服务社会、开智启蒙、惠泽生命"为宗旨,将教育类读物出版作为肩上重任之一,教育类读物自具一格,理论读物品韵秀出,教师专业成长读物春风化雨。

"梦"是理想、是希望,所谓"梦想成真";"山"是丰碑,是名山事业。"积土成山,风雨兴焉",我们希望通过点点滴滴的辛勤积累,能矗起教育的高山;希望有志于教育的专家、学者能鼓荡起教育改革的风雨。

"梦山书系"力图集教育研究之菁华,成就教育的名山事业之梦。

梦山书系

新理念教学丛书
前置教学的设计与操作

刘海涛 王林发/主编　王林发 宋佳敏 关敏华/编著

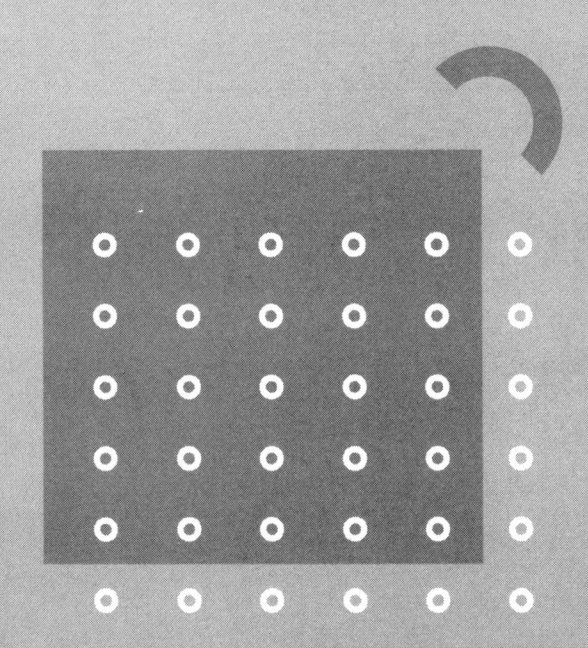

海峡出版发行集团 | 福建教育出版社

图书在版编目（CIP）数据

前置教学的设计与操作 / 王林发，宋佳敏，关敏华编著. —福州：福建教育出版社，2016.11
（新理念教学丛书 / 刘海涛，王林发主编）
ISBN 978-7-5334-7413-3

Ⅰ.①前… Ⅱ.①王… ②宋… ③关… Ⅲ.①中小学—教学研究 Ⅳ.①G632.0

中国版本图书馆 CIP 数据核字（2016）第 194754 号

新理念教学丛书
刘海涛　王林发　主编

Qianzhi Jiaoxue De Sheji Yu Caozuo
前置教学的设计与操作
王林发　宋佳敏　关敏华　编著

出版发行	海峡出版发行集团
	福建教育出版社
	（福州市梦山路 27 号　邮编：350001　网址：www.fep.com.cn）
	编辑部电话：0591—83727542
	发行部电话：0591—83721876　87115073　010—62027445）
出 版 人	黄　旭
印　　刷	福建新华印刷有限责任公司
	（福州市福新中路 42 号　邮编：350011）
开　　本	720 毫米×1000 毫米　1/16
印　　张	13
字　　数	192 千字
插　　页	1
版　　次	2016 年 11 月第 1 版　2016 年 11 月第 1 次印刷
书　　号	ISBN 978-7-5334-7413-3
定　　价	30.00 元

如发现本书印装质量问题，请向本社出版科（电话：0591—83726019）调换。

"新理念教学丛书"编委会

主　任　罗海鸥
副主任　刘海涛
委　员（以姓氏笔画为序）
王林发　刘天平　刘海涛　关敏华　豆海湛　宋佳敏　范兆雄
范雪贞　罗海鸥　郭雪莹　符蕉枫　程可拉　蔡美静

- 广东省普通高校人文社科重点研究基地"粤西教师教育研究中心"资助项目
- 广东省协同创新平台"粤台教师教育协同创新发展中心"资助项目
- 教育部地方高校第一批本科专业综合改革试点"小学教育"资助项目
- 广东省创新强校工程"地方高师院校教、研、创'三力型'小学卓越教师培养模式的探索与实践"资助项目

目 录

导论　未雨绸缪：前置教学概述 ·· 1
第一节　前置教学的发展与演化 ·· 1
第二节　前置教学的特点与原则 ·· 6
第三节　前置教学的类型与意义 ·· 12

第一章　以生为本：高效的前置教学 ·· 19
第一节　前置教学的构成要素 ·· 19
第二节　前置教学的实现路径 ·· 23
第三节　前置教学的常见范式 ·· 30
第四节　前置教学的基本要求 ·· 35

第二章　温故知新：知识整理式前置教学 ······································ 38
第一节　知识整理式前置教学概述 ·· 38
第二节　知识整理式前置教学操作 ·· 47
第三节　知识整理式前置教学课例分析 ·· 55
第四节　知识整理式前置教学注意事项 ·· 60

第三章　兴趣为王：兴趣激发式前置教学 ······································ 64
第一节　兴趣激发式前置教学概述 ·· 64

第二节	兴趣激发式前置教学操作	69
第三节	兴趣激发式前置教学课例分析	74
第四节	兴趣激发式前置教学注意事项	79

第四章 先知先觉：新课预习式前置教学 … 83
第一节	新课预习式前置教学概述	83
第二节	新课预习式前置教学操作	90
第三节	新课预习式前置教学课例分析	94
第四节	新课预习式前置教学注意事项	99

第五章 牛刀小试：作业布置式前置教学 … 103
第一节	作业布置式前置教学概述	103
第二节	作业布置式前置教学操作	110
第三节	作业布置式前置教学课例分析	114
第四节	作业布置式前置教学注意事项	119

第六章 集思广益：活动参与式前置教学 … 124
第一节	活动参与式前置教学概述	124
第二节	活动参与式前置教学操作	130
第三节	活动参与式前置教学课例分析	138
第四节	活动参与式前置教学注意事项	141

第七章 不思则罔：问题生成式前置教学 … 143
第一节	问题生成式前置教学概述	143
第二节	问题生成式前置教学操作	148
第三节	问题生成式前置教学课例分析	152

第四节　问题生成式前置教学注意事项 ································ 156

第八章　压力即动力：任务驱动式前置教学 ································ 159
　　第一节　任务驱动式前置教学概述 ···································· 159
　　第二节　任务驱动式前置教学操作 ···································· 164
　　第三节　任务驱动式前置教学课例分析 ································ 169
　　第四节　任务驱动式前置教学注意事项 ································ 174

第九章　锦囊妙计：前置教学的设计技巧 ···································· 176
　　第一节　前置教学的常规与创新 ······································ 176
　　第二节　前置教学的预设与生成 ······································ 181
　　第三节　前置教学的启示与展望 ······································ 184

参考文献 ·· 190
后记　前置教学，让生本课堂充满张力 ···································· 195

导论

未雨绸缪：前置教学概述

第一节　前置教学的发展与演化

前置教学，又称为前置性小研究或前置性作业，指的是教师向学生教授新内容之前，根据学情和新知特点，设计布置的导学或导思性作业，让学生根据自己的知识水平和生活经验，在课前或课中进行尝试性学习。

一、前置教学兴起的教育背景

我国在 2001 年颁布了《国家基础教育课程改革指导纲要》，随后又陆续颁布实施各学科的课程标准，一场轰轰烈烈的课程改革就此展开，迄今，我国的新课程改革已经 15 个年头了。中小学的教育工作者们也在改革的浪潮中不断提升自己的专业素养，他们中的大多数人开始运用新的教育理念、新的教学模式来开展教学工作。

时至今日，培养学生学会学习、形成迁移能力和终身学习能力是新课程的基本理念，已逐渐成为教育领域的共识。为此，在教学中强调学生的主体地位，主张用启发式、探究式、参与式等重视学生自主性的学习方式，已经成为当前国内外的教育潮流。而在我国，随着新课程改革的不断深化和发展，众多先进的教学策略和教学模式百花齐放。在主张学生自主性学习，培养应用型、创新型人才的教育理念下，育才中学、洋思中学、杜郎口中学、东庐中学等学校纷纷探索出自己成功的教学模式。这些教学模式都有一个共同的特点：提倡探究性、参与性、反思性的自主学习，让学生在特定的情景中，通过体验、思考、练习来完成指定的学习任务，从而获得新知和习得技能。其大多数表现为"先学后教、以学定教"的教学形式，其中最具代表性的是华南师范大学的郭思乐教授提出的生本教育的教学理念。生本教育倡导"全面依靠学生"，教师应"无为而为"，处于"帮学"地位。"先做后学、先学后教、少教多学、以学定教"是生本课堂的方法论，前置教学就在这种方法论的导引下衍生而来。

二、前置教学的实践发展概况

1999年，生本教育作为推进素质教育和实现教育均衡的教改试验在广东乃至全国多个地区开展试验，该项试验由最初的15所实验学校发展到现在的上千所，遍及广东、山东、湖北、贵州、辽宁、江苏、江西、新疆、内蒙古、云南、安徽、香港、澳门等地，取得了丰富的理论和实践成果。许多薄弱学校因此改变面貌，社会认可度提高。生本教育试验学校的成功，使越来越多的学校开始学习、引进生本教育的教学理念和模式，更有许多省市和地区由地方政府的教育局牵头，结合自身的实际情况，将生本教育的理念和模式进行政策性的推行，往往会有一个县、市的上百或几百所中小学校加入到生本教育试验学校的行列中来。从起初探索时的15所，到后来发展期的200所，再到现在鼎盛期的上千所。这些生本教育试验校，在教学模式的创设上，都有一个共同的特点——以学生为主体，强调"先学后教"的理念，积极推行前置教学。

除了这些呈快速增长的生本教育试验学校在积极推行前置教学，还有一些学校也在积极地现代教学理念探索中，开拓出自己独具特色的前置教学模式。保定市徐水小学通过开发极具特色的校本教材来推行前置教学，校长郭志华坚持"以前置教学推动学校发展"的办学方针，并取得了较好的成效；淄博市召口中学将前置教学作为课堂教学的核心模式，积极开展"生命教育"和"理想课堂"的实践探索，并在探索中总结出了"两板一案""生生科代表""五个主体环节"的前置教学具体操作模式，其成效较为显著；杭州市绿城育华学校在开展"选课走班"的探索实践中，也将前置教学作为核心的教学模式，改变以往单一的讲授式教学模式，并构建了"1＋6＋2"课堂教学模式，把"先学后教，当堂训练"与学习前置、合作学习相结合，课堂教学重心前移，教师隐身幕后，学生成为课堂的主人，既突出了学生的自主性和能动性，更突出了教师点拨的重要性，有利于提高学生在陌生情境中处理问题的能力。

由于前置教学的核心理念与新课程的基本理念有高度的统一性，且具有较强的可操作性，故适合大多数学校推广试验。与此同时，许多学校已在前置教学的实践中积累了许多先进的经验，这些经验也可以为其他学校起到借鉴的作用。因此，越来越多的学校将会参与前置教学的实践探索。

三、 前置教学的研究发展概况

前置教学的研究还处于萌芽发展期，研究者大多以中小学教师为主，他们的研究，大多以解决教学的具体问题、总结教学经验为主。且多数集中在对前置教学的价值、策略、教学案例等的研究上，其应用性较强，但尚欠深度的理论归纳和创新。

前置教学的研究具备了丰富的理论基础。

(一) 人本主义理论

罗杰斯主张，任何教学和学习活动都应围绕学生进行，他认为，教师与学生之间的关系是辅助者与学习的主人之间的关系,[①] 没有任何权威或长官意志。并强调指出,在学习过程中获得的不仅仅是知识,而且更重要的是获得如何进行学习的方法或经验。[②] "人本主义教育"思想中"将学生视为教育的中心,学校为学生而设,教师为学生而教"的理念在教育界引起了广泛的讨论和大胆的尝试。

罗杰斯"以学生为中心"的教学理论没有明确规定教学程序,只是将教学过程大概设置为"教师创设问题情境、激发学生内在学习动机→学生明确自己的学习目标、自己制订学习计划→学生按照自己规定的程序自学→小组讨论、互帮互学→学生对自己的学习结果进行评价"的基本程序,[③] 教师在整个过程中则起辅导、启发的作用。罗杰斯这一关于教学程序的论述,对前置教学的前置性作业设计模式起到了非常深远的影响。

(二) 主体教育理论

北京师范大学裴娣娜教授等人提出了主体教育理论。认为人的主体性是人具备自然性和社会性最核心的体现,要实现主体的充分发展,自由、主动的实践活动是必不可少的。而对于学生来说,只有自觉主动地参与到自己的学习中,才能引发主体性思考,产生疑问,在疑问中自觉萌发合作学习的意识,在合作中实现各自的发展,从而体验到成功的乐趣。这实质上就是自主学习的产生和发展。

(三) 最近发展区理论

维果斯基认为,儿童有两种发展水平——儿童已具有的发展水平及儿童

[①] 庞维国. 自主学习——学与教的原理和策略 [M]. 上海: 华东师范大学出版社, 2003, (7): 158.

[②] 韩进之. 教育心理学纲要 [M]. 北京: 人民教育出版社, 1989, 12: 118.

[③] 庞维国. 自主学习——学与教的原理和策略 [M]. 上海: 华东师范大学出版社, 2003, (7): 159.

还能挖掘的发展水平。最近发展区理论实质上提倡学生先自主学习,以便发挥学生已有发展水平之功效;还有部分不在已有发展区内的,通过前置性自主学习,就会进入最近发展区内,这时只要同伴或者教师的辅助就能解决。

(四) 建构主义学习理论

建构主义赋予了学习新的含义,他们希望,在教学过程中教师关注并充分利用学生的已有知识和经验,重视学生的学习信念和态度,使得学生在课堂上的生生、师生的共同互动和合作中实现新知的完整建构。建构主义提出了"情境、协作、会话、意义建构"四大要素,强调学习的主动性、情境性和社会性。[①]

随着前置教学在实践领域的影响不断扩大,许多教育工作者开始投入到前置教学的研究中来,他们以各大期刊为交流研究成果的主要阵地。我们在CNKI(中国知网)中以"前置性教学""前置性学习"为检索词,搜索2004年到2014年这10年间的期刊,去除非教学、重叠等不相关的论文,最终在中国学术期刊网络出版总库和中国优秀学位论文全文数据库中搜得论文102篇,其中包括43篇"前置性作业""生本教育""导学案"等边缘词的检索项。对这些研究论文分析后,发现有以下几个特点:一是研究者主要是中小学教师;二是研究对象多为基础教育或中小学学科教育范畴;三是研究内容主要为中小学教学中的模式策略、教学活动、实践反思等,也有少部分论文对前置性教学的性质、特点等进行了理论归纳;四是研究时间主要集中在2013年、2014年这两年间。从这几个研究特点我们可以看出,对于前置教学的研究和实践,还集中在基础教育领域,研究的主要内容则是前置教学在中小学校实践过程中的相关问题,这项研究还处于起步阶段,还有待在实践、理论层面进行更深入、系统的探索和研究。

---

① 汪凤炎,燕良轼. 教育心理学新编[M]. 广州:暨南大学出版社,2011,(7):270.

第二节　前置教学的特点与原则

不能简单地把前置教学等同于预习或课前学案。前置教学立足于先学后教，在前置作业的设计上更讲究灵活性和针对性，它在内容组织上要具备"趣味性、层次性、逻辑性"，编写更要"量体裁衣"。教师事先要对学生完成作业、任务进行方法指导，为学生能独立完成作业、任务提供必要的帮助。在设计前置教学作业的时候，教师不能完全按照教材的套路来定作业内容，教材对学习内容的组织结构和呈现形式是从普适性去考虑的，通常是以演绎叙述的方式去组织内容，以从简单到复杂的方式呈现。教师要根据自己所教班级学生的知识水平和心理特征，对教材进行二次开发，结合实际的学情，对教材进行灵活处理，或是剪裁，或是取舍，或是增删，或是重组，只有这样，才能满足学生个性化的学习需求，激发学生的学习兴趣，从而实现有效的教学。

一、前置教学的特点

以下从方法论、学习主体、教学理念三方面讨论前置教学的特点。

（一）先学后教，以学定教

从方法论上看，前置教学具有"先学后教，以学定教"的特点。前置教学不仅是一种时间顺序的改变，更表明了以学为根本的地位。"教师的教服务于学生的学，教的起点是学生的学"，学生能否深入有效地学是提升教学效率的重要途径，而学生的学必须有高的要求和相对宽松的时间、空间来支持。前置教学则在作业设计的科学性和课前就完成布置、收缴、评价等特点正好满足了学生"学"好这一要求。

前置教学的"先学后教"体现在重视对学生学习习惯和学习方法的培养。

前置教学把"学"摆在了"教"之前，这有利于培养学生的自学能力、创新精神，锻炼学生的意志品质，它可以使每位教师更加了解学生的知识水平和学习要求，了解学生的个别差异，便于因材施教。前置作业的设计，不能简单地视为传统的预习，它应该更注重学习方法的指导和培养，要充分调动学生的学习积极性。在设计时，内容要多元化，形式要多样化，操作要简便。为了避免学生的前置作业流于形式，还应该做到任务细化、要求明确、时间充足、收缴和评价及时。教师可以通过设计小研究式的作业，让学生通过听、说、读、写、看、找等方式，完成学习任务，在这个过程中，尽量让学生自主独立地完成，若有困惑可做批注，第二天再专心听讲，有疑问可向教师请教。这样的方式，课前就调动了学生去独立思考和探索，使学生带着问题去学习，从而使学习效率得到提高。学生在不断的生疑和解疑的过程中，获得知识和技能，并能从家长教师那里得到及时的鼓励，因而会从学习中获得成就感和满足感，良好的学习习惯亦会在这个过程中逐渐形成。教师要根据学科性质、教材内容特点和学生认识水平设计学习方法，并有机渗透和融入教学过程，从而引导和教育学生养成"方法"的意识。

（二）自主性、探究性和参与性

从学习主体的角度看，前置教学在教学过程中强调学生学习的自主性、探究性和参与性。前置教学把学生的主体性放在第一位，学生成为课程的设计者、参与者和学习者，学校不再开展灌输式的知识传授，而是根据学生的实际情况，与学生一起制定前置性作业。这些作业内容多样化，既有阅读性内容，也有积累性内容，还有生活性内容。教师可以根据学生的学情和兴趣，共同制定学习方案或研究方案。在完成的过程中，要充分调动学生的自主性、探究性和参与性，这必须给予学生相对宽松的时间和空间，例如前置作业设计的完成时间不限定在某一天完成，可以是周计划、月计划，而完成的空间也不一定是学校或课堂，可以是家里、社区或与作业所需情景有相关性的其他地域。前置教学通过给予学生更大的自主空间，使学生可以自主地安排学习时间和进程，从而实现真正意义的个性化教学和分层教学。

除此，前置教学在评价时，往往会显现及时性、多元性的特点。当布置的作业或研究到了收缴的期限，教师会按时收缴，并及时作出多元的、发展性的评价。传统教学在作业评价时往往是单一的，具有权威性的标准，而前置教学则尊重学生的主体性，尊重学生的个体差异性，尊重学生需求的多样性和学生意见的多元性，学习从重视目标的实现转向重视学生在学习过程中所获得的经历体会与情感体验，以及他们所取得的进步与发展。由于前置教学强调学生的参与性，因此它的教学目标往往是灵活开放的，教学目标不再是标准化的、唯一的，而是具有弹性的，是可以更改或增删的。前置教学强调学生在过程中获得表达与发表自己意见的机会，在对话交流中生成自己的经验，在合作探讨中思考与认识。

（三）联系性、差异性、思考性和实践性

从教学理念上看，前置教学强调新旧知识的联系性，关注个体的差异性，重视思考性和实践性。前置教学作为一种融合了多种先进教学理念的教学模式，在实施的过程中，我们会发现它的核心理念与建构主义理论、人本主义理论、最近发展区理论等现代教学理论的核心观点是殊途同归的。前置教学强调学生的独立思考和实践，认为学生只有真正参与到学习中，才会掌握知识技能、获得个人的发展，因此在前置教学中，学生完成学习任务的主要场所往往不是课内，而是课外的各种与教学具有相关性的情景。学生解决问题不再仅仅依赖教师，而是可以按照教师教给的方法，独立地去思考和探索。在遇到困难时，先是积极与同学或学习小组成员进行沟通和协作，然后再求助于教师。前置教学的学习设计，往往会以周期性较长、灵活性较高、内容可以自主设计的方式出现，以激发学生的学习积极性。这样的前置性作业或研究，通常就能很好地吻合学生的个人兴趣和认知水平，能够实施个性化教

学和分层教学。同时，这样的设计，也符合学生的认知特点和思维规律，使学生对新知的学习建立在原有的知识经验的基础上。学生原有的知识、生活的经验和体验、思维特点和方法都具有差异性，由于前置教学的作业或研究设计具有较高的科学性和灵活性，因而能满足学生的这种差异性需求，使学生的学习能够建立在原有的知识观念之上，那样就不会觉得学习很陌生，很困难，从而使学习进入一种良性的循环之中：学会——兴趣——愿学——学会……这既是前置教学的重要特点，也是前置教学的魅力所在。

二、前置教学的原则

（一）低入性原则

前置性作业要根据学生的心理特征、知识水平等实际情况合理地制定，不能盲目地模仿或随意地追求挑战性。因此，低入性原则是设计前置性作业的前提。前置性作业不能要求过高，要充分考虑不同阶层学生的接受度，可以通过形式的多样化、评价标准的灵活性和学习内容的开放性来促使不同水平的学生都能够参与到学习中。摒弃知识前移和纯试题化的倾向，面向全体学生的发展，让每位学生都能在自己的水平和能力上发挥自己的才智进行尝试性学习，保证每个人都能在学习中获得发展的满足感。

"低入"是生本教育的一个重要理念。生本教育认为，教师在布置作业时要遵循"切进重点、降低起点迎学生；深入浅出、设置情境引学生；长期规划、精心设计练学生；发展能力送学生"的原则。学生的现状就是我们的起点，所以前置性作业的要求要简单，要照顾全体学生的情况，做到难度要适中、阶梯分层、形式多样，让每个学生都能够有所发现，并从中感受到发现的快乐。

（二）指导性原则

前置性作业的布置不是盲目和随意的，它是以培养学生学习能力和完成教学任务为中心的。脱离了这个中心，前置性作业就缺乏了应有的意义。前置性作业的设计要给予学生思维的空间，教会学生如何理清知识间的关系，如何找准学习的难点与重点，如何利用原有的知识去发现、解决新问题。也就是说，前置性作业能够成为学习内容的导航仪，能够体现教师教学的大概思路。它的设计往往会按课标的要求去指导学生掌握概念、理解例题、模仿例题完成课本练习题，让学生在完成前置作业时能预计和把握课堂的主要脉络，从而逐步掌握学习方法，使前置性学习成为良好的习惯而不是任务。

（三）趣味性原则

我国古代著名教育家孔子说："知之者不如好之者，好之者不如乐之者。"兴趣是最好的老师，学习往往是从满足学生的好奇心开始的。如果教学从学生的兴趣出发，那么将会起到事半功倍的效果。教师只有真正地了解学生的兴趣和需要，才能结合实际，有效实施教学。浓厚的兴趣可以让学生从被动地完成老师的作业变为主动地去探索和思考，积极地收集有关的信息去解决问题。前置性作业要能够根据学生已有的经验和基础，结合他们的个性特点和认知风格，并且紧密联系教材特点和课标要求，尽量做到形式多样，方式新颖，内容有创造性。既可以是书面表述的，也可以是口头演说的；既可以是情境模拟的，也可以是实践体验的；既可以是记忆的，也可以是动手操作的；既可以是独立完成的，也可以是小组协作共同完成的。内容和形式丰富多彩的作业，使学生感受到学习的自由灵活、轻松愉快和挑战性，从而形成情绪高昂、乐于思考、快乐作业的学习氛围。

（四）开放性原则

在讨论文学的问题，往往会因其多义性和不确定性的特征，在解读时出现"一千个读者就有一千个哈姆雷特"的现象；在数学的学习中，往往会因为开放问题的条件、结论或解决策略的不确定性，在解题时有很多正确的、殊途同归的答案。因此，前置性作业的设计，要合理开发教材资源，围绕新课程提出的教学目标、学习目标、策略目标以及评价目标，适量设计开放性作业，让学生通过多种渠道，收集相关知识；让学生有话可说、各有说法；让不同层次的学生都能在自己的能力范围内有所收获，培养他们的学习自信心。

（五）鼓励性原则

每个学生都有被肯定、被尊重的需要，积极愉快的学习氛围能够激起学生高昂的学习情绪，从而极大地提高学习效率。因此，教师在教学中要创设一种和谐、愉快的学习气氛，使学生以自信、积极的态度开展学习活动。前置性作业是学生对将要学习的知识的自我尝试学习，教师要抱着宽容的态度，允许学生犯错误，并及时地给予学生适当的鼓励和指导，帮助学生建立自信心。同时，教师还要考虑学生间水平的差异，根据不同的学习基础、学习兴趣、学习水平、家庭环境等因素，对学生提出不同的要求和评价标准。在设计前置性作业时，可以根据教学目标，让学生给自己定一个"进步目标"，在作业内容上设定较大的范围，让每个学生根据自己的目标来选择完成作业的内容、形式和难度等。在评价时，不要求每个学生都达到同一个水平，而是要求每个学生都有进步，只要进步都应该受到肯定和奖励。

（六）合作性原则

合作学习能够让学生在合作中碰撞出思维的火花，有利于挖掘学生的潜能。合作学习不但能促进知识的交互与发展，还能促进学生间的感情交流，改善人际关系。为此，前置教学提倡"个人先学，小组交流，全班交流，教师点拨"的课堂教学四重唱。个人先学，是要让学生通过独立思考，较为深入地了解学习的任务，在持有个人见解的基础上，再开展合作学习，使小组交流和全班交流时，小组成员能够互相质疑、共同探讨。缺乏了独立思考这个前提条件，小组交流、全班交流的合作学习就可能流于形式。而合作学习则可以让学生把"片断性学习"通过协作、交流形成"全局性学习"。合作学习的评价也可以交由学生来自行处理，例如可以以全班展示的方式来评比优秀的学习成果，在全班展示前先通过小组合作的方式交流、完善自己的想法。这样既让课堂的展示更有效，又能培养学生合作互助的精神，还能保护一部分学困生的自尊心。

第三节 前置教学的类型与意义

前置教学将学生的"学"作为学习新知的起点，是学生自觉地进行摸索、探究、思考，获得体验、理解的自学过程，这种学习方式颠覆了传统教学中的以"教"为主的方式，打破了"讲演→例证→练习→复习→单元考试"的模式，建构了"师生共同制定学习计划→自学→互助→分享→评价"这样以"学"为中心的新模式，形成了"预习为先，反馈学情→以学定教，互动解惑→当堂检测，完善提升→归纳方法，弥补稳固"四个基本环节。这种新的教学模式和教学设计突破了传统学习中学生学习兴趣低下、灌输式传授难以兼顾学生个体差异、学习内容及形式单一枯燥、评价方式片面僵化等教学难题，它主要通过查找和朗读、收集和准备、阅读和填表、思考和提问、归纳和练习、分享和评价等环节，让学生在较为宽松、自由的环境中开展自己的个性化学习。每一个环节均没有唯一的评价标准，学生可以围绕主题作出属于自己的思考或研究。在分享思考或研究成果时，对于呈现的多样化答案，教师会持宽容和鼓励的态度。

前置教学首先是为了给予学生更多自主学习的空间，课外的充分研究可以让课内的学习更深入，让课内的交流更加活跃。前置教学就内容构筑层面，我们认为应该是"少而精"，就学生心理层面应该是"接受并喜欢"，就教师设计层面应该是"开放并具价值"，但都指向"学的研究"。

一、前置教学的类型

前置教学大致可以分为三种类型。

（一）温故型前置教学

前置教学认为学生的学习应该从已有的知识、观念作为基础。在学习之始，回顾、整理、强化已有的知识经验十分有必要。为此，设计温故型前置性作业，可以帮助学生对已有的知识经验进行系统的回忆和加工，从而达到"温故而知新"的学习效果。美国著名教育心理学家奥苏伯尔指出，"旧知是通过它的可利用性、可辨别性、稳定性（清晰性）三个特性来具体影响有意义学习的行程和效果"。① 新知要么是在旧知的基础上引申和发展起来的，要么是在旧知的基础上增加新的内容，或由旧知重新组织或转化而成。为此，前置教学十分强调学习中新旧知识之间的联系，教师往往会根据所学的新知的需求，针对性地设计较为系统的温故型前置性作业。温故型前置作业不仅仅起到一种回忆再现的作用，它还会通过多种形式，激起学生思考的欲望，使学生对已有知识、经验进行较为深入的审视。这不仅仅是复习训练那么简单，还需要学生对已有知识进行加工、提炼，或者概括、整合，使之在大脑里形成清晰、稳定的知识体系，从而达到优化知识结构、强化思维品质的效果。

（二）探究型前置教学

前置教学往往具有超前性和创新性的特点，它不仅仅只是对旧知识进行复习梳理或对新知识进行阅读了解，它还强调学生学会学习，形成迁移能力，培养终身学习能力。为此，在教学中设计具有探究性的前置性作业是十分有

---

① 邵瑞珍. 教育心理学 [M]. 上海：上海教育出版社，1988：254.

必要的。在前置教学的开端，教师往往会培养学生独立阅读和思考的能力，并传授给他们各种学习的方法，使学生形成自主解决难题的能力和习惯。在这个过程中，提高学生思维品质的深刻性、灵活性、独创性、批判性、敏捷性是非常重要的，这也是前置教学的重要目标。因此，探索型前置性作业往往会显现学生思考的独立性、学习活动的参与性、内容和形式的开放性等特点。学生可以在这样的前置性作业中独立思考、充分参与，进行灵活的、具有个性化的学习，并在充满挑战的探索中求得突破难题、获得新知的满足感和成就感，从而形成学习能力和创新能力。

（三）激趣型前置教学

前置教学注重培养学生的素质和能力，在设计前置性作业时，教师往往会不拘泥于某种标准或模式，尽可能地让学生的作业生活化、个性化，因而前置性作业会呈现出形式多样、灵活自由的特点。前置性作业在设计时充分考虑到学生的兴趣需求，往往会将作业完成的地点放在课外，而完成的时间也较为宽松。同时，还加入具有游戏性、探奇性、协作性、挑战性的环节，满足了学生爱玩、好奇、合作的需求，同时尊重了学生的民主需求，让学生在和谐宽容的环境中探索新知。激趣型前置性作业不能一味迎合学生的审美趣味，在激发学生学习兴趣的同时，还必须"坚持以课标为中心，以学生实际和教师实际为出发点"的原则，要有教学的目的性和指向性，不能盲目随意、只图快乐而忽视学习的任务。因此，激趣型前置性作业在形式上是灵活多样的，但在内容设计上具有较强的逻辑性，旨在帮助学生去回忆、去思考、去发现。激趣型前置性作业要同时兼顾教学形式的艺术性和教学内容的科学性。

二、前置教学的实践意义

前置教学作为保持"先知先觉"的地位，一是加强教师的专业水平，二是扎实学生的学习基础。在前置教学中，教师必须提前预告教学内容，学生必须提前获得学习信息。

以前置教学推动学校发展[①]

近几年来，保定市徐水小学抓住前置性教学特色不放松，走出了一条适合自己的发展之路。

具体来说，保定市徐水小学通过一系列教育、教研活动，将教师和学生都放在了前置性教学的"传送带"上，带动他们前行。

教研活动见成效。定时间、定人员、定主题，开展主题课例研讨活动。一是开展"集体备课，同步研讨"活动。备课时做到"四研究"，研究重点、难点，研究双基能力，研究学法，研究教法。二是主题式教研。在教研活动前，先提出一个专题，如"在阅读教学中如何突出朗读的实效性"，教师围绕专题进行充分准备，在教研活动时，各抒己见，畅所欲言，最后达成共识，形成对策，从而指导教学。三是视频教研。主要是播放一些名人、大师的优质课，博众家之长为我们所用，提高专业水平。

促进教师专业发展。教师专业发展是教师个人的需要，也是学校发展的需要，更是学生成长的需要。我们立足校本教研，一是发挥骨干教师的辐射作用，建立导师制，成立了学科辅导教师队伍，对青年教师起引领作用。除帮扶本校教师，还与城乡"牵手教师"建立帮扶关系，发挥优秀教师的辐射作用。二是建立教师个人成长档案，从个人发展规划、教育思想、教学设计、说课、反思、教育个案等方面，具体直观地指导教师个人发展。三是借助网络，进行远程教研。教师直接登录"河北远程教育网"，与专家对话，与更多的同行切磋交流教材中的热点、难点问题。

培养学生自主学习能力。将课堂还给学生，将学习的主动权还给学生，做到教学从学生的需求出发，培养爱学、乐学、会学的学生。我们主张学生

---

① 李焕蕴. 以前置教学推动学校发展——走进保定市徐水小学［J］. 河北教育（教学版），2012，（10）：8—9.（编者略有改动）

先学，要求学生写出收获，提出质疑，践行方法。为此，我们通过理论培训，使教师们认识到：前置学习使课堂教学达到事半功倍的效果；能够让学生拓展视野，增长知识；可以让课堂内容更丰富，学习更深入，交流更具宽度；明白课堂教学改革前置学习必须先行的道理。

滴水藏海，保定市徐水小学"以前置教学系列举措为立足点，通过几年的探索，努力使学校真正成为师生共同感受幸福、体验成功、发展思维的有价值的生命活动场所"，显示了非一般的意义。

（一）前置教学是课程改革中的重要教学模式

新一轮的课程改革更加强调全面依靠学生、高度尊重学生，要充分发挥学生的主体能动性，增强学生的自我意识。新课程改革提倡在实际教学中重点培养学生的自学能力，提高学生的学习能力、实践能力、创新能力。在此背景下，探究型学习逐渐成为各中小学校推行的重要的教学思想，而培养人才的目标，也一改过去侧重于培养知识型人才的传统，将培养重点转为具有较高的综合素质和创新能力的应用型人才。前置教学"先学后教"的理论核心，正好吻合了新课程改革的要求，并在过去的实践试验中，取得了很好的效果。越来越多的教育工作者开始认识到前置教学对于新课程改革的重要意义，越来越多的教师开始加入到学习、实施和探索前置教学的行列中来，这使得前置教学在大范围内得到了推广。

（二）前置教学能培养学生自主学习的韧性

前置教学提倡先让学生独立自主地先学，又要求教师必须适时地进行方法的指导，并在独立的学习后，进行小组的合作学习以及全班的汇报展示。这样的学习，让学生真正体验了学习的酸甜苦辣，他们在这个过程中，深刻地体验到"学习不可以代替，但学习并不孤单"。不仅如此，前置教学的低入性原则、趣味性原则等，让每个学生都能够"有话可说""说不同的话"，每个学生都是参与者，都能够体验其中的快乐感与满足感。在这样的学习方式中，没有学生愿意当"局外人"或"盲从者"，他们把学习掌握在了自己的手中，每节课每个学生都是有备而来。学生在不断获得进步和鼓励的学习中获得自信，而这种自信，也激发他们自主学习，使得他们勇于不断地提高挑战的难度，并逐渐将学习当成是一种生活中不可或缺的习惯。学生自主学习的韧性会在这种良性的循环中不断得到巩固和提高。

（三）前置教学能有效地提高学习效率

设计合理的前置性作业一开始就激发了学生的求知欲，他们在课前就能积极地去进行思考和探索，并愿意在课堂中展现自己的学习成果。学生通过对前置性作业的自主学习和体会，加上课堂的合作讨论，所学知识不仅记忆深刻、理解到位，而且激发了学习的兴趣，主体地位得到凸显。每个学生都体会到成就感和满足感，课堂教学也在互动、平等、热烈的氛围中高效有序地进行。教师对前置性作业中的每个问题及时引导和正确评价，指出各自的不足，表扬各自的长处，帮助他们掌握知识，并通过方法指导，让学生学会如何获得知识。这样，教师通过前置性作业一次次地激活学生的思维，一次次地拓宽学生的视野，一步步地引导学生走向求知的高潮，学生才能在课堂中主动，教师才能真正地帮助每个学生。实践证明，前置教学一改过去的"一言堂"，师生可以融洽地开展讨论，课堂变得轻松愉快。这样的课堂形式改变了学生在课堂上的表现，激发了学生的学习兴趣，培养了学生良好的学习品质，提高了学生的自主学习能力，整体上提高了学习效率。

（四）前置教学对教师的专业素养提出了新的要求

虽然前置教学强调"先学后教"，但教师的"以教促学"同样不可忽视。教师是前置性作业的设计者，也是学生前置性作业完成的指导者。教师应用一种爱的力量、真理的力量、向上的力量去影响和感染学生，用一种关切的态度去解决学生主动发展中需要解决的一切。没有教师，学生自发的自学难以取得优质和高效的成果。教师更大的作用在于"帮学"，能不能很好地帮学，要看教师是否能设计出合理有趣的前置性作业引导学生的"学"，是否能够用充满智慧和艺术的"教"来调动学生学习的热情。教师从过去的组织教学转向组织学生的学习，从设计教学转到设计学习。这样的转变，对教师提出了许多新的要求，教师不但要提高自己的理论水平来优化自己的教学方式，还要提升自己的专业素养，以应对课堂中出现的各种问题。因此，教师的专业化成长一定要与新课程的发展同步，教师要根据自己的实际情况，制定一个持续、有效的专业发展计划。

第一章 以生为本：高效的前置教学

第一节 前置教学的构成要素

前置教学让学生在教学前先自主学习作为导向和切入点，引发学生进行独立思考，将教学活动的重心转移到学生的"学"上来，很好地凸显了学生的自主性和主体地位。但有些教师却错把"自主"当做"自流"，把课堂完全交给学生，自己却不作为，跟着学生走，如此便导致学生学习内容的肤浅化和形式繁荣的虚假化，偏离了前置教学的正确轨道。

其实，之所以会出现这种状况，是因为教师并未准确把握前置教学中的"时间要素、难度要素、探究要素、人文要素"这四种构成要素，下面将对其进行一一介绍。

一、时间要素

前置教学具体实施中，不宜占用学生过长的时间。否则，会有"越俎代庖"之嫌，又变成以前的"满堂灌""填鸭式"。所以，教师在备课时应根据课程标准、教材重难点、学科特点和学生的实际情况等，精心设计和组织教学环节，合理划分课堂教学中各项活动的时间分配比例。对于学习水平较低的那部分学生，教师不能将其排除在外，而是要依据此类学生现有的学习能力水平及时调整前置教学实施方案，必要时需在课前或课后花一定的时间对其进行个别指导，从而使每位学生都跟上教师的教学进度，保证课堂教学的顺利进行，从而提高教学效率。

心理学研究表明，学生注意力集中的最佳时间，一般是在上课后 5 分钟到 20 分钟，这一时间段是打造省时高效课堂教学的最佳时段，而教师的教或讲在一定程度上也应围绕学生的最佳专注时间而展开。所以，教师在实施前置教学时，可依据课程内容、授课类型和学生的能力基础及已有的知识水平，让学生在最佳专注时间内突破教材的重难点或解决关键性问题，实现课堂教学效率的最优化。同时，教师还要引导学生提高自我监控能力，提高课堂管理的能力，适当监控和干预学生的课堂行为，以此减少学生在课前预习和讨论等环节中组织课堂纪律的教学时间，提高课堂教学效率。

教师在运用前置教学时需设置弹性教学时间，切勿将前置教学环节的时间设计得过紧、过细，定得过死。即教师应总体规划自己在根据课程标准的前提下完成基本教学任务所需的时间，在具体实施时则应根据学生的表现和课堂教学的进度进行适时的调节。另外，教师还要开放学生课外学习的时间，在课堂上依据教材内容和教学目标拓展所学知识，设计弹性的课外作业，让学生自由选择作业的内容和方式，自己去探索知识的答案，在有限的课堂时间中促进学生课外的探索研究，使前置教学时间具有伸缩的余地。

二、难度要素

难度要素是实施前置教学必须考虑的一个构成要素。在实际的前置教学过程中，教师要想准确把握前置教学的难度，就必须做到以下两点：

其一，教学难度的设定必须面向全体学生。这就要求教师需全面细致地了解整个学生群体现有的发展水平和身心发展特点，科学处理学生学习能力的个体差异性和同年龄阶段的学生智力水平的普遍性的关系。前置教学需遵循低入性原则，从学生的角度出发，针对不同层次的学生采取不同的方式呈现教学内容，在不违背教材内容和教学目标的基础上适时降低教学起点，使每位学生都能够在力所能及的范围内获得对新知识的真正理解和掌握，激发学生学习的内在动机和求知欲望。进而让大多数学生能够通过自己的努力正确解决问题，跟上学习的步伐，避免出现两极分化的现象。

其二，教学难度的设定必须遵循循序渐进的原则。要做到这一点，教师就要吃透教材和学生，根据学生的认知发展规律精心选择和优化课堂教学内容。呈现的教学内容需难易适中，不能太难，使学生接受不了、吃不消，长此以往，便导致学生对学习产生厌倦甚至抵触的情绪，降低甚至熄灭学习的热情，成为名副其实的学困生；也不能过易，缺乏挑战性和成就感的学习同样会损害学生学习的动机和愿望。所以，教学内容的难度应符合学生的认知水平，做到由易到难、由繁到简、由浅入深、由局部到整体，把新知识纳入旧知识中，利用知识间的联系，丰富和完善学生的认知系统，激发学生学习的潜能。同时，还应依据教学内容设计阶梯式问题，从已知通往未知，引导学生逐步对问题进行深入思考，使得不同的学生在解决问题中获得不同的发展。

由此可得，难亦有度，唯有正确、合理地控制前置教学的难度，才能实现课堂教学效益的最大化，使学生在参与前置教学过程中能够有效地学习，构筑系统的知识结构。

三、探究要素

前置教学强调"学生先学，教师后教"，而学生先学的过程就是学生探究知识的过程，探究要素是前置教学中一个必不可少的构成要素。为此，教师在正式讲解教材内容之前，首先要对教学内容和学生具体的学情进行系统分析，从学生的最近发展区出发，设置有助于学生进行有意义探究的针对性问题，给予学生充分的时间和空间进行合作和交流，让学生利用已有的认知经验对教师设置的问题进行探究，有利于学生理解并解决问题。同时学生受认知水平的限制，难免存在一些自己无法解决的问题，形成疑问，这样，学生对课堂知识的学习就会有一定的目的性，从而更容易跟上教学的节奏，与教师平等对话、交流，真正成为学习的主体。

教师在布置探究任务时应尊重学生自主选择学习内容、学习方式和学习伙伴的权利，让所有学生都参与探究学习。但教师不能因此而放弃自己的主导地位，对学生听之任之，令课堂教学变成学生的一言堂。并且学生的知识和能力水平有限，探究的结果可能是片面的甚至是错误的，教师若不对此进行点拨和指导，就会导致学生的探究学习缺乏深度和广度，难以学到、掌握和挖掘知识的精髓，探究学习也会流于形式，前置教学也变得毫无意义。

为避免出现这种情况，教师在运用前置教学时，需熟悉教学内容和学生的学习情况，做学生探究活动的组织者、合作者和引导者，学生能够独立完成的探究任务，教师不应过多地干预学生的活动，应相信学生的探究能力，放手让学生去做；对于一些比较难的探究任务，教师要针对不同的学生采取不同的方式和策略对其进行适时、适度的引导，帮助学生顺利完成探究任务，激发学生自主探究的欲望，使学生在探究的过程中对知识有更进一步的理解和掌握。正如布鲁姆所说的：提供足够的时间与适当的帮助，百分之九十五的学生能够学习一门学科达到高水平的掌握。[1]

四、人文要素

著名教育家苏霍姆林斯基曾说"教育首先是人学"，联合国教科文组织指出"教育应服务于人生全程"，新课改也强调以人为本的教育理念。所以，教育的最终目的在于育人，即教学生学会做人。可见，前置教学的实施还要注

---

[1] 杨桂华. 生物教学中"教学重心前置"浅谈 [J]. 中学生物学，2009，(10)：19—20.

重人文要素，彰显人文关怀。这就要求教师在前置教学实际操作过程中，善于挖掘教材中的人文因素，精选一些人文性的内容教育学生，使学生从中得到启发。比如，教师在教文天祥的诗歌《正气歌》和《过零丁洋》时，就要引导学生领悟文天祥那种"人生自古谁无死，留取丹心照汗青"的甘愿为国捐躯、舍生取义的高尚情操和博大胸襟，让学生得到启发。

教师要以学生为中心实施前置教学，主动接触、了解学生，在课堂上与学生进行平等对话和交流。在交流的过程中引导学生对所学知识进行深入思考和钻研，增进学生对知识的理解。与此同时，教师除了要具备基本的专业知识，还要不断扩充与政治、历史、宗教、道德等相关的人文知识，提高自身的综合素质，发挥教师的先锋模范作用，在与学生的对话中能够运用自己广博的知识和品德对学生的精神发展产生启迪和影响，让不同的思维在碰撞中涌现出智慧的火花，从而引导学生树立正确的情感、态度和价值观，帮助学生学会在社会上生存、发展、做人，把前置性的课堂教学变成学生感悟做人道理的过程。

第二节 前置教学的实现路径

前置教学的目的是让学生提前预习课本内容，教师再根据学生预习反馈的情况进行有针对性的教学，方便教师摸清学情，使课堂教学更具指向性。而教师要想达到这一目的，教学流程应包括"预习为先，反馈学情→以学定教，互动解惑→当堂检测，完善提升→归纳方法，弥补稳固"四个基本环节。唯有将这四个环节灵活运用到课堂中，才能为前置教学的有效开展提供正确的实现路径和方法。

一、预习为先，反馈学情

（一）预习内容

前置教学把预习反馈环节置于首位，说明了预习在前置教学中的重要性。而在前置教学中，预习内容包括预习目标和预习题。所以，教师应熟悉教学大纲的要求，根据课程目标和教学经验，多元化、多角度分析教材内容，预设符合学生实际情况的预习目标和预习题。其中，预习目标要与课堂教学目标一致，使学生明确自己在预习时需要重视和掌握的知识点是什么，为学生学习新知识做好充分的心理准备；编制的预习题应包含课堂所教的知识点和能力点，但不能面面俱到，应留有空白，让学生在预习的过程中自己去发现问题、提出问题，主动与教师和教材对话、交流，加强学生主体意识的培养。

比如，教师在让学生预习《地理环境的整体性》这一课时，可以将报上刊登的食人鱼、兰茎草、水葫芦、埃及鲶鱼等外来物种威胁本土物种的事件展示给学生，这些事件在平时生活中学生只是零星地听到，并不在意。教师有意将这些信息集中展示给学生，自然会引发学生的思考，从而开发出关于外来物种的相关问题，在拓宽学生知识面的同时使学生认识到，保持地理环境的整体性和平衡性的重要意义和价值。

需要注意的是，教师在编排预习内容时要充分考虑到学生接受能力的差异性，将预习内容分为基础和提高两种类型，让学生根据自己的实际情况自主选择预习内容和制订学习计划，使得所有学生在预习过程中都有发展和收获，从而在课堂的学习中做到"有备而来""有话可说"。

（二）关于反馈

要使学生的预习取得理想的效果，教师就要重视对学生预习成果的反馈，及时全面认真地评阅学生的预习题，这也是避免预习形式化的有效途径。反馈的方式要灵活，教师要根据学科特点、预习内容、课型和预习题型的不同来选择不同的反馈方式。譬如，对于课本上的基础知识，可以采取问答式反馈的方法进行检测，教师在提问时要尽量找班里基础比较差的学生回答，若他们能回答出正确答案，在课堂上就不必重点研讨此类问题，同时也可以采取直接背诵或默写的方式进行检测；对于课本上需要理解的知识点，可以通过将预习题设置成选择题、判断题或者简单的操作题的方式来检测，也可以直接展示学生的错题，促进学生对知识的全面理解。

教师可以收齐或选取部分学生的预习题进行批改，然后统计正误率，发现学生的易错点和薄弱环节，以此为基准动态调整课堂教学的重难点。上课时教师也可以让学生上台展示预习成果，然后让其他同学对他的表现进行点评，激发学生主动参与课堂的热情，同时也暴露出学生存在的比较集中的、典型的问题，而这也是课堂上需要重点处理的地方。

做到以上这些，一方面可以帮助学生了解自己对课文知识的认知程度，发现自己在学习方面的优缺点，从中不断提升自己；另一方面，通过反馈，教师可以很好地了解学生的学情，对课堂教学的重难点有更加精确的把握，在上课时能够做到详略得当、主次分明，当少讲处则少讲，当重点讲时就重点讲，明确学生在学习中遇到的疑难问题和知识，为"以学定教，互动解惑"这一环节的开展打好基础。

二、以学定教，互动解惑

（一）教学的内容

教育家蔡元培曾说："学习最好让学生自己先学，学生自己会的教员不讲，学生无法理解的才由教员去帮助他。"可见，前置教学中首要环节——"预习为先，反馈学情"的目的是为了让教师明白哪些能教、哪些不能教、哪些要重点讲解、哪些需要个别辅导。教师通过检查、批改、评阅学生的预习题，了解并掌握学生对知识的学习有哪些盲点和困惑点，遵循面向集体、兼顾个体的教学原则，选择学生在完成预习题过程中出现的比较集中、典型的问题作为确定课堂教学内容的基本参照，生成课堂教学的资源，满足学生的学习需求，真正做到以学定教。

教师在确定教学内容时要注意三点：第一，教学内容中不能有学生未预习的内容，但并不是将学生预习过的内容都纳入教学的范围，教师应根据学生预习的情况提炼课堂教学的重难点。第二，教学内容中不能有学生已经懂得的知识、预习后学会的知识和学生不易理解的知识。第三，教学内容中应有学生易错、易混淆、易遗忘的知识点和学生在预习后尚未解决的问题。这样，就能够简化课堂教学内容，节约课堂教学时间，提高课堂教学效率，避免低效和无效。

（二）以互动为重

教师的职责是"传道、授业、解惑"，而解惑是体现教师的专业能力、帮助学生深入理解和掌握知识的关键点，是整个课堂教学的灵魂。所以，在前置教学操作中，教师要注重通过师生互动和生生互动解决学生心中的疑惑。在互动解惑的过程中，教师应先对学生做错了的或不会做的预习题进行分析，探究其中的错因，根据不同类型的错误制定不同的解决方案，可以是小组合作讨论或教师提问学生回答的方式，增强授课效果，让学生在互动中强化知识点的记忆和掌握。

其次，"互动"活动的开展应围绕教材内容的重难点，体现学生的主体地位。教师不能直接抛出问题的答案，而只需对学生易于出错或难以理解的知识点作出点拨，留给学生足够的思考时间，克服传统教学模式中满堂灌的做法，将授课时间控制在20分钟以内，其余时间留给学生自己去谈论和探究。除此之外，在互动中要允许学生质疑老师、问倒老师，创造和谐融洽的师生关系和课堂教学氛围，充分调动学生脑、口、手等多种感官参与解决疑惑的过程，提高学生预习的效率，激发学生的学习兴趣，体验学习的快乐。

最后，也是最重要的，互动解惑绝不仅仅是帮助学生解决几道疑难问题，而应重视学生在学习过程中知识与技能、过程与方法、情感态度和价值观的融合，要达到这一效果，就离不开教师的指导。所以在以学定教、互动解惑这个环节中，需发挥教师的主导作用，在教学中教师要在原有预习题的基础上对其进行拓展或变式，启发学生的思考，拓宽学生的视野，使学生"知其然且知其所以然""知其之所在且知其之所来，更知其之所去"，使学生学会独立地思考问题，学会批判性地分析问题，掌握运用知识的方法和技能。

三、当堂检测，完善提升

（一）重在"当堂"

有些教师认为，课堂讲授时间与教学效果成正比，讲得越多、越细，学生就能够越快速地掌握所学知识。因此便采用教师在课堂上讲、课后布置大量的检测练习题让学生做的教学方法，认为这样能够帮助学生巩固所学知识。实则不然，因为在课外，一方面，"玩"是学生心理的主要状态，学生为了有更多的时间玩，在完成检测练习题时往往会马虎应付，有些甚至不动脑筋，照抄别人的作业或直接照搬从网上找到的作业的答案。

另一方面，大量的检测练习题只会加重学生的课业负担，一旦太多，学生忙不过来，就没有时间预习下一堂课的内容。这样不仅使学生学不到真正的知识，还降低了教学成效。在课内，有课堂学习氛围的影响，有教师和同学的监督，学生就会认真对待作业，积极思考遇到的问题，努力寻求解决问题的方法，提升学生的学习能力和教学效率。所以，当堂检测就显得尤为重要。而在前置教学中，"当堂检测，完善提升"是这一教学模式的核心环节，教师把检测置于课堂，尽量使当堂的问题在当堂过关，如此便可以大大减少课后检测练习题，减轻学生的学习负担，学生就可以把原先用于完成检测练习题的大量时间花在预习下一节课的新知识上，促进学生的课前预习。

在前置教学的实际操作中，当堂检测的侧重点在于检测学生在课堂上互动解惑的效果，及时了解学生的听课效率和知识的掌握情况。因此，教师在课堂上要预留充足的时间给学生去训练，应根据学生在预习、互动解惑活动中出现的问题选择当堂检测的内容，精准设计当堂检测题，并严格控制当堂检测题的数量。

更重要的是，当堂检测题的设计绝不是简单地拷贝教材中的知识，而是依据学生的现有学习水平分层设计当堂检测题。对于基础较差的学生，教师可以设计基础性的当堂检测题让学生去完成；对于中等生，教师可以设计中档题让学生去完成；对于基础较好的学生，则要适当提高当堂检测题的难度，让学生做一些延伸题或变式题，促使优生不断进步，这样便使每位学生都能够巩固和拓展所学知识，发现学习中存在的问题，并及时纠错，从而有利于学生潜能的自我开发，促进学生的全面发展。

（二）教师主导

当堂检测是为学生"量身定做"的一次短小的测试，要求学生在课内按时、独立地完成，像真正的考试一样，不能有教师的指导，不允许学生查阅参考书和讨论。唯有如此，检测的结果才能客观、公正，才能准确反馈学生的学习情况，使教师对学生的学习情况了然于胸，并反映学生掌握知识和能力的程度，暴露教学中的缺陷和不足，为今后科学编制预习方案提供更优质、更完善的教学资源。

既然如此，是不是就意味着教师在实施前置教学过程中，可以在"当堂检测"这一环节中袖手旁观呢？其实不然，在这一环节，教师应该发挥主导作用，认真检查每个学生对检测题的解题情况，学生发现教师如此重视，也会认真对待和完成当堂检测题，这是激发学生认真学习的重要动力。

此时，教师要把握三点：其一，将关注点聚焦在预习中出错的学生身上，观察其能否正确解决问题，若不能，在课后则要对其进行重点辅导。其二，重点观察学生在当堂检测中是否仍存在预习中已经出错的问题，以及是否产生新的问题，从中了解学生对当堂内容的掌握情况，以便使自己的讲授更有针对性。其三，发现基础较差的学生，课后可对其进行个别辅导，帮助其各个击破在解决检测题中产生的问题和疑问，争取让他们在课堂上有更多的收获。

四、归纳方法，弥补稳固

（一）体现学生的主体性

前置教学的最后一个环节是"归纳方法，弥补稳固"，这个环节主要是对当节课所学的主要内容进行归纳整理，着重归纳学习方法和思路，提出学生易出现的错误和注意之点，其目的是让学生当堂巩固新知，为学生的进一步学习提供导向。所以，这一环节应该让学生自己对所学知识进行归纳总结。

因此，教师在实施前置教学时需转变传统的教学观念，树立学生是课堂教学中学习主体的观念，充分体现学生的主体性，让学生自己去思考、讨论如何归纳和升华知识，鼓励学生各抒己见，也允许学生出错。当学生对知识的归纳不完整或有错误时，教师应先让其他学生对此进行补充、点评或纠错，若此时学生的归纳还是不够全面、分析得还是不够透彻，教师再针对学生归纳总结有欠缺或不足的地方加以适当的引导和完善，从而帮助学生弥补疏忽的知识点，加深学生对当堂教学内容的理解和巩固，实现认识的升华。

（二）抓住知识的主要矛盾

前置教学中"归纳方法，弥补稳固"这一环节是对一节课的简要总结，是对学习过程的归纳和反思，是在总体上把握知识。所以在对知识进行归纳总结时，不能只是简单地复述所学的知识点，而应抓住主要矛盾，即所学知识的要点、重难点和易错点。这就要求教师紧扣课堂教学目标，抓住本节课的重难点和关键点，提出有思维价值的问题，留有充足的时间让学生自己去思考和讨论，让学生自己发现问题、解决问题。例如，可以将当堂教学的主要内容与生活联系起来，设置成解决问题类的习题，让学生自己去思考解决问题的方法。

这样，不仅可以增进学生对重点知识的理解和掌握，还可以提高学生将理论与实践相结合的能力，教师也可以从中发现自己在教学中的"得"与"失"，为不断改进和优化前置教学设计和操作方案做好铺垫，进而提高教师的专业能力和素质。

以上四个教学环节是前置教学的实现路径，这些环节的操作并不是"泾渭分明"的，而是环环相扣、相辅相成的，所以教师在实践过程中不能生搬硬套此教学模式，将其"模式化"。在操作前置教学时应将其"个性化"，因课制宜、因地制宜，根据学科性质、教学内容、学生学习水平等的不同，灵活调整或改变前置教学的这四个环节。

第三节　前置教学的常见范式

前置教学强调学生自学、教师"帮学"，是为了全面推进素质教育，解决传统的教师一言堂、满堂灌、填鸭式教学模式导致学生课业负担过重、缺乏创新实践能力等问题而提出的一种有效的教学方式。当前，前置教学主要有以下三种基本范式。

一、精心设计前置学习提纲

前置学习提纲是用于指导学生自主学习、主动参与、合作探究的学习蓝图，是学生开展前置性学习的路线图、方向盘和指南针。实质上它是教师用来帮助学生掌握教材主要内容的得力助手，为教师的"教"与学生的"学"

搭设脚手架，也是培养学生自学能力和形成知识体系的一种重要媒介。显然，前置学习提纲质量的高低直接关系一堂课能否成功，并直接影响学生前置性学习的效果以及学习兴趣的激发和自学习惯的养成。所以，在前置教学中，教师要精心设计前置学习提纲，在设计时应按照以下三个步骤进行。

（一）明确前置性学习的目标

学习目标是教学的出发点和归宿，是评价学习成效和教学质量的依据，而明确的学习目标对学生的学习具有导向、激励、调控、制约等作用，因此能够大幅度减少学生完成学习任务的时间，提高学生的学习效率。可见，前置教学的实施，必须先确立前置性学习目标。教师应从学生的角度思考问题，在让学生自由交流、讨论前置性学习目标时融入学生中去，与学生进行平等对话，摆正自己的态度，尊重学生的观点，互相补充和改正，最终设计出全面、准确的前置性学习目标。

在这一过程中，教师还可设置前置性学习目标的绊脚石，要求学生将自学中的重难点放入其中，也可以让学生用自己喜欢的方式做好预习笔记，帮助学生突出重点、分散难点，使学生明确自己应该学会什么，怎么学，并确信自己所学的内容值得一学，激发学习动机。

（二）重视前置性学习方法的指导

好的方法是成功解决问题的关键，若学生掌握了前置性学习的方法，就能够独立地学习新知识，不断充实自己，如此才有机会站在知识的"金字塔"的顶端。所以，要想学生具有前置性学习的本领，教师就要重视前置性学习方法的指导。这时，教师应该发挥"帮学者"的作用，对于学生在前置性学习中遇到的难度较大且大部分学生无法解决的问题，要向学生提示这些问题的解决方法和思路，使学生从中得到启发，在教师的指导下探索出解决问题的方案。同时消除学生的畏难情绪，让学生知道只要认真观察、善于思考、拥有探索精神，就能够在难题的迷宫中找到前行的方向，获得成功。

（三）呈现前置性学习提纲

在执行完上述两个步骤之后，教师要向全体学生呈现前置性学习提纲。教师可参照苏格拉底的"产婆术"原理，以问题的形式揭示前置性学习提纲。揭示的问题应是教材内容中重难点的整合，不能太零散，应将在前置性学习中形成的若干个问题凝练成2~3个大问题呈现给学生，减轻学生的课业负担。另外，问题的呈现要有思维价值，要直击知识的重难点、学生学习的盲点和理解的困惑点，切勿过多地采用"是什么""为什么""怎么样"等句式，否则，就会使学生的前置性学习缺乏兴味，泯灭学生刚被点燃的学习激情。

比如教师在《常用对数的计算》一节的预习中，可设计这样一个有趣的问题：将一张报纸对折64次后，请估计一下它的高度；预习常用对数的计算，再计算一下它的高度，你定会瞠目结舌。[①] 这样，学生在进行前置性学习时不但觉得有趣，而且能够激起自主探究的热情，能够带着问题进入课堂，快速融入课堂，让课堂"动"起来，学生"活"起来，使学生的前置性学习更好地服务于课堂。

二、充分发挥学生的主体性

前置教学严格遵循教学规律和教学原则，把学生真正置身于教学活动的主体和中心地位，这种地位从前置教学的构成要素和实现路径中显而易见。那么，在前置教学的基本范式中，如何发挥学生的主体性呢？

（一）创设快乐的成果展示舞台

古希腊哲学家柏拉图说："强迫学习的东西是不会保存在心里的。"心理

---

① 范德宪. 数学预习提纲设计之我见[J]. 中学数学，1998，(6)：9—10.

学研究证明，人的自由度越大，创新能力就越强，而自由的前提就是要有相对独立的空间。可见，要想让学生真正成为学习的主人，在课堂教学中就应该给学生提供充分的活动空间，尽量把课堂的主动权还给学生。

因此，在前置教学过程中，教师要摆正"教"与"学"的位置，变"以教为中心"为"以学为中心"。这时，教师就要为学生创设平等、宽松的教学环境，展示他们通过前置性学习获得的成果，即在前置性学习中遇到问题时通过集体合作或个人探索得出的解决问题的方法或捷径。展示成果的方式是丰富多样的，教师可通过让学生上台演一演、说一说、画一画、写一写、做一做等方式活跃课堂氛围，使学生在轻松愉快的环境中展示预习成果。

由于课堂时间有限，展示成果时间不宜过长，否则就不利于其他教学环节的顺利实施。所以，教师可以建立合作学习小组，让小组选派代表陈述在交流中遇到的问题和解决问题的方法，供大家分享并共同解决提出的问题。当学生提出的问题不合逻辑或解决问题的方法有不妥之处时，教师也不能训斥学生，给学生贴上对与错的标签，而应尊重学生的想法，及时指导、启发和修正。同时教师应该重点关注学困生或性格内向、不善表达的学生，鼓励他们表达自己的想法，并予以激励，使学生不必担心自己提出的问题会遭到教师的训斥或同学的嘲笑，从而敢说、敢问、敢表达，充分发挥学生的主体性。

(二) 巧设练习，升华学习成果

学生通过展示前置性学习成果，虽然可以暴露一些学习问题，但是不够全面、深入，因而需要针对性的练习帮助学生了解自己是否真正理解和掌握知识，是否达到本堂课的学习目标。为此，教师就要以学生为主体、以教材为依据，从这一节课的教学内容和课堂教学目标出发巧设课堂练习，关注学生个体的差异性，精选课堂练习的内容和数量，使每个学生都有参与的机会，让每个学生在课堂上都能学有所获，进而测验全体学生上这一节课的学习效果。

　　学生通过完成课堂练习，可以及时反馈自己对知识的掌握情况，知晓自己在学习上的优点和不足，为今后制定适合自己学习的目标提供导向。而教师也能够从学生完成课堂练习的质量和速度中了解本堂课课堂教学目标的达成率，为今后优化课堂教学策略、真正实现"以生为本""以学生的发展为本"的教学理念做好铺垫，使前置教学成为促进学生主体发展的助跑器。

三、鼓励学生课后互学共进

　　美国著名教育家布鲁姆认为：当学习转化为一种合作的过程，人人都从中受益时，小组学习程序可以是十分有效的。并且，由于学生受家庭背景、生活环境和学习环境的影响，学生的知识基础、学习能力存在个体差异，造成学生在学业发展方面不均衡，若教师无视这一现象，就会导致学生两极分化问题日益严重。所以，在前置教学中要鼓励学生课后互学共进，根据自愿的原则让学生自由组建学习小组，用自己喜欢的方式进行合作学习。

　　在这一过程中，由于学生可以与自己喜欢的伙伴共同学习，双方就会主动成为施助者和受助者，大方地分享彼此的学习方法和学习经验，在课后互批、互查、互助，在互助交流中碰撞出思想的火花，实现资源共享和优势互补。这样便能够最大限度地弥补学生认知上的不足，拓宽学生思维的广度和深度，提高学生完成前置教学中的预习任务和课堂质疑的效率，促进学生共同进步。同时也可以增进学生之间的友谊，提高学生人际交往的能力，增强学生的集体归属感和自我认同感。

　　前置教学强调先学后教，课堂互动，课后互学共进，符合新课程强调的平等互动、自主合作探究、尊重个性的教学理念，有利于使学生的学习变被动为主动，改变传统教学中课堂"失重"的状态，凸显学生的主体地位，激发学生学习的兴趣，最终养成良好的前置性学习习惯，为今后的终身学习奠定基础。

第四节　前置教学的基本要求

一、坚持"课标为基，目标为准"

前置教学要以课标为基础，以教学目标为中心，只有这样，教师的教和学生的学才能融合成一个有机的整体，才能充分发挥学生的主体地位和教师"平等中的首席"的作用。值得注意的是，课标只起要求作用，真正对教学起指向作用的是教学目标。教师设计前置教学，应紧扣教学目标，这是教学行为的取向。

教学目标是指教学活动实施的方向和预期达成的结果或标准，是学生在教师指导下通过学习后预期产生的行为变化。前置教学目标是教学活动的出发点和最终归宿，对制定教学计划、组织教学内容、明确教学方向、确定教学重点、选择教学方法、安排教学过程等起着重要的导向作用。它既与教育目的和培养目标相联系，又不同于教育目的和培养目标。

教学目标的设置分为两类，一是结果性目标，即知识与技能。知识目标的达成级别为：了解—理解—应用。技能目标的达成级别一般为：技能动作（模仿）—独立操作—迁移、创新。二是体验性目标，包含过程与方法、情感态度与价值观，体验性目标达级别为：反应—领悟（最高境界为个性化）。[①]

二、坚持"以生为本，以学为先"

前置教学应该把学生的学放在首要位置。教育的本义，就是要让每个学生都得到全面的发展，只有坚持"以生为本，以学为先"，前置教学才具有它真正的意义与价值。学习是人类与生俱来的能力，每个人获得的知识和技能，

[①] 王林发. 新课程语文教材教法[M]. 广州：暨南大学出版社，2010：14—17.

都必须经过自己的体验去获取，教师是无法代替学生去学习的。学习需要学生的亲历和体验，如果没有体验，感知就不会深刻，更无法内化。因此，前置教学要设计相关情景，给予学生亲身体验的机会，并考虑每个学生的心理特征和知识水平，设置合理的前置性作业，从学生的生活经验以及最近发展区为起点，激发学生探究新知的欲望。旧的知识和经验能对新知识起"固着"或"拴住"作用，从而起到"温故而知新""举一反三"的学习效果。可以说，前置教学的"以生为本，以学为先"，是以学生的学情为中心，以学生的自主为基础的具体体现。

"以生为本，以学为先"对教师的要求是深入分析学生，针对不同水平层次、不同兴趣爱好、不同个性特长的学生，尽可能照顾每一位的学习需求，使学生的主体地位更明确，使学生的自主性发挥更大的作用。比如，可以从基础、强化和进阶等三个不同水平设计作业，允许学生对照自己水平自由选择适合自己的作业，使学生做到分层发展，最后实现共同进步。

每一个学生各自的发展水平和发展方向不尽相同，因此，前置教学应充分考虑这种差异，允许在基本目标的基础上，发展个人特长、个性和志趣。即使同一个学生，不同发展阶段也不同，这就要求教师的评价多一些纵向比较，日有所进，即是发展。[1]

三、坚持"以点触面，创新为先"

前置教学应抓住教学内容的关键点，挖掘教材有待激活的生长点，以点触面，创新学生的思维，以达到"四两拨千斤"的效果。前置教学可以设计一些思考性强、开放性强的内容，逐步培养学生的分析与综合、抽象与概括、类比与对比、具体化与系统化等思维，以此创新学生的思维。

"创新是指以现有的思维模式提出有别于常规或者常人思路的见解为导

---

[1] 王林发. 新课程语文教材教法 [M]. 广州：暨南大学出版社，2010：13.

向，利用现有的知识和物质，在特定的环境中，本着理想化需要或者为满足社会的需求，而改进或者创造新的事物、方法、元素、路径、环境，并能获得一定有益效果的行为。""创新"一是指前所未有的，即像现在说的创造发明；二是指引到新的领域产生新的效益。综上，我们可以简单地理解为：做别人没有做过的事情，说别人没有说过的话。创新是独特的、新颖的、有价值的，是一个民族发展不竭的源泉和动力。

前置教学的创新，主要是指创新教育。苏霍姆林斯基说："学生来到学校里，不仅仅是为了取得一份知识的行囊，更主要是为了变得更加聪明。"简言之，创新教育就是培养学生创造力的教育。创新教育是一种全程教育，它应该贯穿教育的整个过程。而创新教育的过程就是要充分激发学生的创造潜能并将之发扬光大的过程。

第二章 温故知新：知识整理式前置教学

第一节 知识整理式前置教学概述

泰国知名教授韦詹·帕尼说："整理知识就是使知识得以升级。"知识整理实质是让知识升级。教师是牧者，要积极引导学生进行知识整理，让学生自主参与知识整理，学会整理知识，将抽象的、难以理解的、零散的知识具体化、简单化、系统化，探究知识形成的内在奥秘，正确把握知识的形成规律，从而理解和掌握所学的知识，形成知识网络，最终提高学习效率。

一、知识整理式前置教学的内涵与原则

（一）知识整理式前置教学的内涵

知识整理式前置教学，是指教师在讲授教学内容时，围绕教学的重难点，对所要教的知识内容进行梳理，让学生从整体上把握即将要学习内容的活动；也是教师在考虑学情的基础上，通过一定的方法将所学的、零散的知识进行归纳整理、有序组织，使之形成学生易于理解的、有内在联系和合乎逻辑思

维的知识网络的过程。在此过程中，教师要引导学生进行知识整理，帮助学生扫除在学习过程中的知识盲区，从而搭建知识架构，不断延伸和丰富所学的知识内容。此外，知识整理式前置教学并不是某一节课的收尾，也不是单纯地重新教学或补教某一科目的教材内容，而是要将整理知识的能力和习惯融入教学，使学生意识到整理知识的重要性。

奥苏贝尔认为，有意义学习的实质，就是符号所代表的新知识与学习者认知结构中已有的知识建立非人为的、实质性的联系，从而使新旧意义同化、重组为高度分化的认知结构，最终实现融会贯通。因此，教师在进行知识整理式前置教学时，可纳入更多引导学生整理知识的元素，根据学科特点和教材内容选择不同的方法，巩固学生已有的知识储备，并对已有的基础知识进行查缺补漏，构建学生稳定系统的认知结构，培养和提高学生知识迁移和运用的能力，让学生掌握一定的整理知识的方法，使学生能够融会贯通、触类旁通，达到温故而知新的学习效果，真正实现有意义的学习。

(二) 知识整理式前置教学的原则

"没有规矩不成方圆。"在知晓知识整理式前置教学的含义之后，有必要进一步了解知识整理式前置教学的基本原则，从而使知识整理式前置教学更加科学化、条理化、方便化。

1. 适应性原则

世界上没有两片完全相同的叶子，更何况是一个班级的学生？每个学生在学习中都有自己的学习风格，学习风格是不同学习者在学习活动中体现出来的对学习环境、学习方式等的独特偏好，标志着不同学习者之间的认知差异类型。[①] 教师要用适应性原则来规范自己的教学行为，在设计知识整理式前置教学时需优先考虑每个学生的学习风格，设计出适应学生思维发展、年龄

---

① 陈振华. 解决教学适应性问题的现代路径 [J]. 高等教育研究，2013，(6)：55—61.

特点、认识水平、学习规律的知识整理式前置教学，达到因人施教的效果，提高学生的学习效率和整理知识的能力。而要达到这种效果，教师在设计知识整理式前置教学时要考虑以下两种情况。

其一，要适应集体的特点。如今大多数学校采用的都是班级授课制，每个班级就是一个集体。所以教师在设计知识整理式前置教学前，要客观分析班上的基本情况，如学习风格、学习规律、学习风气、学习习惯、学习成绩、年龄特点等。然后再根据实际情况展开知识整理式前置教学工作，在紧扣教材重点难点的前提下，整理出每个学生都易于理解的知识体系，并对知识体系的难易程度作出相应调整，而不是将学困生或者不想学习的学生排除在外。殊不知，这样只会导致班集体两极分化越来越严重，知识整理式前置教学活动就成了任由教师主观臆断、操作的一个活动。

其二，适应学生的个体情况。每个学生都受到遗传因素、学习环境和所受的家庭教育不同的影响，在身心发展、整理知识能力方面都有不同程度的差异。有些学生悟性高，有比较好的学习经验，能举一反三，稍经点拨，就能跃进。有些学生不会学甚至厌学，悟性低，不能一点就通，对于此类学生，教师就要耐心指导，将整理知识的来龙去脉详细地在课堂中呈现出来，且这些知识内容不能超出学生接受能力的范围。教师应有梯度地组织知识内容，由浅入深，从而使教学内容适应学生的个体情况。这样不仅能让优秀生学习整理知识的方法和能力，也可以让后进生明白教师在教什么，自己要学什么，久而久之，对后进生整理知识能力的培养也有一定的帮助。

2. 启发性原则

孔子主张"不愤不启，不悱不发，举一隅不以三隅反，则不复也"，其意思就是"不到学生冥思苦想而有所体会的程度，教师不要去开导他；不到他心里明白却不能完整表达出来的程度，不要去启发他；如果他不能举一反三，就不要再反复地给他举例了"。孔子的这一教育思想至今还有很大的指导意义，在知识整理式前置教学中也有重大的作用。启发性原则是知识整理式前置教学必须遵循的原则，旨在要求教师要以生为本，在知识整理式前置教学中注重调动学生的积极性，引导他们在独立思考、积极探求中学习，从而在启发中培养学生整理知识的能力，使学生能够自由熟练地运用所学的知识，提高他们分析问题和解决问题的能力。

但是在应试教育下，很多教师都忽略了这一原则的重要性，觉得教学进度紧凑，而课堂时间只有45分钟，时间并不充裕，或者预设的教学方案流程太多，导致教师在教学时往往在学生还没有准备好"愤"的时候就"启"了，学生没有准备好"悱"的时候就"发"了，这样就不能满足学生在找到答案时"众里寻他千百度，蓦然回首，那人却在灯火阑珊处"的猎奇心理和成就感。学生就会逐渐缺失独立思考的动力，总是等着教师将整理好的知识点告诉自己，等着教师给出知识的答案，由此只会助长学生在学习上的懒惰和依赖的心理，无法使学生的自学能力和整理知识的能力得到提高，也违背了知识整理式前置教学的意图。

因此，教师在教学中要做到引而不发，按照启发性原则的要求集中精力将所教知识中反映活动的外表特征和外部联系的感知、表象形式整理上升成具有本质特征和内在联系的概念和命题形式。引导学生围绕教材内容进行分析和探讨，鼓励学生大胆质疑、提出问题并深入探究问题的答案，保持教学的民主性。允许有与教材内容不同的思想和答案，允许求同思维和求异思维同时存在，不能轻易将学生思考出来的与教师或者教材内容相悖的思想和观点予以否定，即使是错误的也不能当场予以否决，而是要鼓励这种思想的存在，并用启发的方式指出学生的错误，在增强教学启发性的同时使学生在乐于思考、急于思考、便于思考中学习，进而锻炼学生的创造性思维。

3. 阶段性原则

每个学生在不同的年龄阶段在思维发展方面具有不同的特征，以小学生为例：在整个小学阶段，儿童思维有一个发展的过程，低年级（7~8岁）在学前期思维的基础上发展起来，他们主要是具体形象思维，即主要凭借事物的具体形象或表象，凭借具体形象的联想进行思维；中年级（8~9岁），从具体形象向抽象思维过渡；高年级（10~12岁），开始以抽象逻辑思维为思维的主要成分，但这种抽象逻辑思维，仍然具有很大成分的具体形象特征，仍需提供感性材料的支持。[①] 由此可见，知识整理式前置教学要遵循小学生思维发展的阶段性特点，将阶段性原则融入知识整理式前置教学，使其具有可操作性。

教师在整理知识时必须充分考虑学生的认知能力、心理状况，注意循序渐进，由表及里，由点到线、面，让学生逐渐理解知识内容的本质，抓住知识之间的内在联系，从而将不同的知识点联系起来，形成一个知识网络。此外，学生越到高年级，学习的知识越复杂和深刻，有些教师为了让学生在学习的起跑线上有足够的优势，让学生提前掌握更高年级的知识内容，将不该在那个阶段学习的知识点传授给学生，却使学生难以接受并在这样的学习中受挫，降低学生学习的信心。因此教师在知识整理式前置教学中切忌渗透过于庞杂、过于超出学生的接受能力的内容。要讲究学生思维发展的阶段性特点，针对不同年龄阶段的学生，要分阶段规划和设计知识整理式前置教学。

4. 系统性原则

教师在知识整理式前置教学中要遵循系统性原则，全面正确地理解教学内容，提炼知识的精华，准确找出隐藏的不易被察觉的知识点，将隐性知识和显性知识结合起来，建构知识体系，避免在教学时将各部分内容分割、孤立，违背教材内容的逻辑性和系统性。

首先，要熟悉教材，熟悉所教科目的知识系统，掌握教材编排规律、指导思想与其他学科之间的关系，明确各章节、条目、课题之间的逻辑联系，准确把握教材中的重难点，精心设计知识整理式前置教学的教学方案，切忌看一节、备一节、教一节，以增强知识整理式前置教学的科学性、逻辑性和

----

① 陈铨.小学生心理发展的阶段性与数学教学的阶段性［J］.心理发展与教育，1986，(12)：56—60.

系统性。

其次，要重视"双基"训练，以课本为主。要追本求源，切忌不重视教学知识点中基本概念的教学，在教学中以偏概全，花费心思和时间让学生做大量的复习题和难题，如此便违背了系统性原则。

最后，教师要注重学生具体认知发展进程。由于学生接受知识的过程是无序的，其逻辑顺序并不是按照直线进行的，因此，唯有重视学生具体认知发展过程才能更好地体现系统性原则，指导学生对知识进行系统归类。

二、知识整理式前置教学的方法与作用

好的方法就有一个好的开始，所以在设计知识整理式前置教学时，必须保证设计方法的正确性。教师在思考如何设计知识整理式前置教学的方法时，要围绕教材的重难点开展，将所教的内容串联起来，形成一个便于教师教学和学生学习的知识脉络；要以培养学生整理知识的能力为着力点，使学生更深层次地理解和掌握知识内容；要将所学知识与现实生活联系，解决现实生活中的疑难问题，使学生掌握的知识"活"起来，而不是单纯地记在脑海里，不会加以运用。从而改变以往在应试教育下死记硬背的学习状况，使每一位学生都能够轻松掌握重点知识，能够熟练运用所学的知识分析问题和解决问题，提高学生的创新能力和实践能力。

（一）知识整理式前置教学的方法

1. 灵活运用教材，耐心细致了解学生

在知识整理式前置教学中，整理的知识是学生已经学过的或者刚学过的新知识，有些学生往往会不注重整理知识的过程，认为教师已经讲过了，自己也学过了、掌握了，就没有必要再重新学一遍。所以，与新授课相比，知识整理式前置教学更难激起学生学习的兴趣，教师要重新审视、深入钻研教材，理清重点章节以及各个章节之间的重难点知识，概括和深化各个章节的

重点知识，整理归纳所教过的知识，并与其他章节的知识点联系起来，挖掘教材中隐藏的重要的知识点，形成一个"新"的知识内容，从而激起学生的学习热情。

教师在灵活运用教材的同时还要耐心细致地了解学生，因为只有了解了学生的心理、思想状况、认知特征和能力发展水平才能判断知识整理式前置教学是否具有可操作性，避免教师整理出来的知识点脱离学情，从而导致课堂效率低下。

此外，教师要善于引导学生进行总结，归纳学习规律。例如要注意观察学生在课堂上的表现、作业完成的情况；注意整理学生在课堂上、做作业和考试时常犯的典型性错误等。教师有选择地将典型性错误整理出来，针对性地对学生进行强化练习，引导全班学生找出问题的"症结"所在，并找到正确的解决方法，避免问题"一错再错"。

2. 悉心设计习题，进行系统的综合训练

相比于新授课的巩固练习，知识整理式前置教学设计出来的习题更能体现综合性、系统性和多变性，并且要能更进一步体现各个章节知识点之间的内在联系，促使学生对知识进行"精确分化"，提升学生多方位、多角度、多层次运用知识的能力。所以，教师应依据教学目标，由简到繁，悉心设计具有清晰的层次和合理的结构的习题，还应考虑各学科的教材特点和学生的实际，切忌搞题海战术。在进行系统综合训练时要契合学生的实际，注意因材施教，针对不同的学生设计出不同的习题方案，使每位学生都能通过训练有所收获，都能达到巩固原有的知识、熟练掌握和运用综合知识、提高自己的学习能力的目的。

更重要的是，学生接受的知识是零散的，所以在设计知识整理式前置教学习题时，要精心挑选一些比较恰当的、体现知识内容本质特征、激活学生的知识储备、唤醒学生的思维灵感而引起思维共鸣或碰撞的习题来进行教学，给予学生新的信息，引发新的思考，促进学生的发展，使学生在温故知新中真正获取"新"的知识。而设计习题时也要达到准确性、典范性、综合性和实践性的要求，使设计的习题能够做到数量少、质量高、覆盖面广、启发性强，使学生在做习题时能够通过习题搜集知识点，厘清各知识点之间的关系，增强学生对知识内容的理解，为整理知识能力的培养打下坚实的基础。

3. 实现认知飞跃，使学生学会整理知识

古人云：授人以鱼，仅供一饭之需；授人以渔，则终身受用无穷。所以进行知识整理式前置教学必须着眼于培养学生自主整理知识的能力，使学生不会觉得书越学越多、越学越乱，找不到知识的主线在哪里，学起来难，用起来时也是眉毛胡子一把抓。那样不仅达不到学习的效果，而且会造成学生有畏难厌学和学无用处的负面情绪。

在进行知识整理式前置教学时，应指导学生按照学科知识的系统性，将每一章节中有关联的知识点联系起来，弄清知识的来龙去脉，找出各知识点之间的变化规律、本质、相同点和不同点，最终形成一个完整的知识网络，并将自主整理知识的方法融入这个知识网络。例如，教师可以让学生在整理知识时运用思维导图、编制错题集等方法，提高整理知识的效率。教师还可以有目的地设计层层"关卡"对学生进行训练，学生只有通过了各个"关卡"才能获得成功，使学生在练习的过程中慢慢地领悟到对知识进行归纳整理和系统归类的基本方法，在无形中培养并提升学生自主整理知识的意识和能力。当学生历经"过五关，斩六将"后，便使自己掌握的知识实现了质的飞跃，保证了知识整理式前置教学活动的协调性和有序性以及学生思维的开阔性和流畅性，使学生学会整理知识。

（二）知识整理式前置教学的作用

知识整理式前置教学的目的是基于学生对所学知识的浅层理解和掌握，分析归纳知识内容，在找出知识发展规律、本质和内在联系并得出结论的基础上，使学生在巩固所学知识的同时获得对知识更深层次的理解和认识。学生在教师的指导下，能够把握知识的主脉，对知识形成的前因后果有一个清晰的认识。

这一过程，不仅达成了教师的教学目标，还充分发挥了学生的主体作用，提高了学生迁移和运用知识的能力，培养学生探究知识规律的良好的思维习惯，使学生免受在机械记忆、无条件接受学习的学习方法下对知识捉摸不透、不会恰当运用知识的苦恼。另外，学生通过对知识整理的学习，使自己对知识的理解程度更加透彻，在脑海中形成系统性的知识，真正做到"会学"，而不只是"学会"。

1. 增强学生对知识的理解力

在《考试说明》所规定的四项10条学科能力中，"整理归纳"的概括能力是较高层次的学科能力，它包含再认、再现、阅读理解、分析与综合、归纳与抽象等学科能力，同时又离不开对材料的整理，最大限度地获取有效信息，运用马克思主义哲学观点作指导，史论结合，文字表达等学科能力。[1] 从中可看出，整理归纳能力是学生学会学习的必备能力，是一种非常有效的学习方法。

而学生要真正掌握这一能力光靠自己不行，还需要教师的引导。而知识整理式前置教学就是教师思考如何引导学生对知识进行整理归纳的过程。在这个过程中，教师引导学生对"分散、零乱、无序"的知识进行分析整理，把握事物的内在联系和本质特征，加深学生对知识的理解度，使学生从整体上看问题，透过现象看本质，形成一个脉络清晰的知识体系。同时有助于培养学生用普遍联系的眼光看待所学的知识，从全局出发考虑问题，避免学生看问题时"只见树木，不见森林"，在学习知识时形成追根究底的思维习惯。

2. 强化学生学习知识的系统性

分析是把整体分解为部分，把繁杂事物分解为简单的要素，分别加以研

---

[1] 潘家顺. 新课标下对学生整理归纳能力的培养 [J]. 科技信息，2006，(5)：153-157.

究；综合则是把各个方面各个部分各个要素汇合在一起，进行比较、鉴别。综合必须以分析为基础，分析又有待于综合、深化。[①] 而整理知识可以帮助学生抓住知识的主线，化繁为简，对所学知识进行综合分析，将杂乱无章、重复单调的知识进行整理分类，让学生懂得如何成功地运用所学的知识，掌握各知识点之间复杂的逻辑关系和各个知识点的用途，最终使学生构建知识网络系统。

3. 培养学生自主整理知识的能力

在知识整理式前置教学中，教师通过整理出有梯度性的知识点和问题，使每位学生都能够参与整理知识的教学活动并有所得。学生借助教师整理的知识和传授整理知识的方法，在巩固所学知识的同时培养学生自主整理知识的能力。学生在整理知识过程中，形成自己的思想方法系统，改变以往学习中重结论、轻过程，重记忆、轻理解，重知识、轻能力的学习方法，将分散的知识编织成"知识网"，将所学知识融会贯通。学生熟练掌握了知识，自然对学习充满信心，也会改正自己以前错误的学习方法，将整理知识的方法广泛运用到学习，逐步培养、提高和完善整理知识的能力，并进而培养"会思、多思、深思"的思维习惯和反思能力。

第二节　知识整理式前置教学操作

知识整理式前置教学在教学活动中处于承前启后的独特位置，它将平时教学中相对独立的知识进行深加工，以再现、整理、分析、归纳等方式串联起来，使所学知识连点成线，再由线到面，由面成体，对知识进行系统化整理，形成知识系统整体综合的完整体系，深化学生对知识的理解，沟通知识之间的内在联系。与此同时培养并逐渐提高学生整理、归纳、反思的能力。

---

① 刘效宁. 浅谈政治课自学能力的培养[J]. 思想政治课教学, 2001, (6): 14—15.

因此教师在知识整理式前置教学的实践操作中，要全面正确地分析教材，从学生已有的认知水平出发，兼顾个体与整体，引导学生对所学知识进行有序的分类、整理和归纳，并运用所学知识解决生活中遇到的问题，使学生在学会整理知识的同时提高他们的思维能力和实践能力，使学生获得全面发展。

一、 知识整理式前置教学操作要求

波利亚说："货源充足和组织良好的知识仓库是一个解题者的主要资本。良好的组织使所提供的知识易于用上，这甚至比知识广泛更为重要，把你记忆里的知识安放得有条不紊只会对你有更多的帮助。"这句话就道明了整理知识的重要价值，因此，要想当一个良好的组织者，"将知识安放得有条不紊"，在操作知识整理式前置教学时就必须遵循全面照顾个体与集体、对学生的指导应适度、给予学生思考的时空这三个基本原则。

（一）全面照顾个体与集体

教学要满足多样化的学习要求，既面向学生全体又尊重学生个体，体现不同的人得到不同的发展，注意练习和问题的难易程度，做到既要有平均水平的练习，又要有适合各类学生发展的题目，关注不同学生的不同发展。[①] 但是传统的教学法只注重传授知识，在布置作业或题目时"一个样"，未考虑学生在学习上的个体差异，出现了学生两极分化的现象。所以，在知识整理式前置教学操作中，教师要全面照顾个体与集体，要用"差异"的眼光看待每一位学生，考虑学生在学习习惯和学习能力等方面的个体差异，避免在教学中只考虑到优等生，让其他学生觉得老师偏心，从而不利于师生之间平等和谐关系的形成和发展。

另外，教师在运用知识整理式前置教学引导学生寻找知识的规律性和系

---

① 叶尧城.数学课程标准教师读本［M］.武汉：华中师范大学出版社，2003：196.

统性的时候，既要有整个班集体平均水平的练习，又要有适合优等生和后进生各自学习的题目，在紧扣教材重难点和教学目标的前提下，准确把握知识整理练习和问题的难易程度，做到培优补差，必要时让优等生帮助后进生，使优等生和后进生在学习中能够取长补短、共同进步。既提高优等生的学习力，又增强了后进生学习的信心和集体归属感，改变"后进生拖腿"的现象，让优等生和后进生都能够在知识整理式前置教学中获得各自的发展，真正做到全面照顾个体和集体，实现平等的教育理念、教学目标和教学过程的有机结合，促进学生知识整理能力的发展和提高。

（二）对学生的指导应适度

凡事皆有度，在知识整理式前置教学中对学生的指导也不例外。倘若教师在教学时对学生给予过多的指导或提示，就不能激起学生积极主动思考的动力，以致学生无法形成富有个性的看法和观点，只是一味地被老师牵着走，久而久之，学生就会形成"什么都依靠老师，等着老师给出知识的答案"的依赖心理，窒息了学生独立思考能力和思维能力的发展。倘若教师对学生的指导过少，就会增加学生整理知识的难度，打击学生整理知识的兴趣并影响学生思维的拓宽。这两种情况都不利于知识整理式前置教学操作的顺利进行。因此，如果不能正确合理地把握指导学生的"度"，将影响知识整理式前置教学的效果。

所以，教师在知识整理式前置教学中要适度指导学生，而要达到这一目的，就必须考虑不同年龄阶段每个学生认知水平和能力水平的不同。在操作过程中，教师要根据学生的实际水平选择不同的操作方法。在低年龄段时，学生还不具备自主整理知识的能力，因此在这一阶段，学生在整理知识时比较依赖教师的指导，这时可以采取师生共同整理或以教师为主学生为辅的操作方法；到了中段时教师就要适当减少对学生的指导，重视对学生知识整理能力的激发，给学生提供一些诸如"整理什么，应该怎么整理"的程序性、目标性和引导性内容；到达高段时，学生已经形成了一定的整理知识的能力，就可以完全放手让学生独自进行整理，如此便真正把握了指导学生的"度"。

(三) 给予学生思考的时空

知识整理式前置教学的操作过程是体现师生互动的教学过程。在教学中，教师不能以自己为中心，把自己的想法或观点强加给学生，这样就仍没有摆脱应试教育的束缚，依然是传统的一言堂、填鸭式的教学模式，不利于促进师生之间的互动和课堂交流，更不利于学生创新思维的培养和提高。教师应转变教学观念，在知识整理式前置教学中为学生提供时间和空间，当教师将自己的知识经验融入教学中时，知识经验应作为参考而不宜看作是整理知识点的标准化经验或知识点的完整呈现。

在考虑学生已有知识经验的前提下，设计一些具有综合性、趣味性且具有较高思考价值的题目，引导学生独立思考，并针对学生的知识盲点、缺陷、重难点和疑点来设计，创设适宜有效的问题情境，使学生针对性地听课，激发学生主动参与课堂的动力。进而把课堂交给学生，发挥学生的主观能动性，为学生创造更多独立思考的时间和空间。同时，教师要允许整理过程和整理方法的个性化，使学生能够通过自己的方法来获得有益于自己发展的知识，修补知识的漏洞，也使学生在个性化的整理过程中能够取他人之长，补己之短，培养学生的创新思维并提高学生独立思考的能力。

二、知识整理式前置教学操作过程

建构主义学习理论认为，学习的过程是一个理解的过程，理解是学习的基本特征和重要结果。理解并不是对知识简单的"记忆""知道""照本解释"或者"照本运用"，它应是学生在已有知识经验的基础上，通过思考发现知识间的内在联系，并能以多种不同的方式重新呈现，且能在适当的情境中正确应用，从而使认知结构得到扩展和提高的过程。① 知识整理式前置教学操作的目的是教学生学会理解知识，使学生的知识结构转化为认知结构，提升学生的思维品质。所以，根据知识整理式前置教学操作目的、学科特点，设计操作过程如下：创设情境，激趣导入——强基固本，贴近生活——见机导学，解疑释疑——深化内容，形成体系。

（一）创设情境，激趣导入

良好的开端等于成功的一半。要使每个学生都以最佳的心理状态投入知识整理式前置教学中，就要创设一定的教学情境，巧妙导入，激发学生上课的兴趣，充分调动学生上课的积极性。在创设教学情境时要根据教材目标、学习目标和学生已有的知识背景来选取作为导入的素材，不能纯粹为了娱乐而选取与知识整理式前置教学无关的素材，这样即使让学生得到短暂的快乐，也分散了学生的注意力，不利于知识整理式前置教学的实施。

因此，教学情境素材的选取要符合各学龄段学生的特点，可以选取学生所熟知的现实生活素材，采用图文并茂的方式加以呈现，特别是数学、物理、化学等理科科目，其逻辑性较强，如使学生的生活经历与知识整理式前置教学相结合，就能化抽象为具体，学生就更容易理解知识，激起学生学习的积极性，从而主动参与整理知识的学习中。并且，可以采用漫画导入法、音乐导入法、图片导入法等，通过图像、声音、图片等形象化的素材刺激学生的视觉、听觉、触觉等感觉系统，引起学生的注意和好奇心，使学生全身心投入知识整理式前置教学中。

（二）强基固本，贴近生活

我国著名数学家华罗庚指出，学习有两个过程，一个是从薄到厚，一个

---

① 毕华林. 走向生本的教科书设计研究 [D]. 济南：山东师范大学，2006：83—84.

是从厚到薄，前者是量的积累，后者则是质的飞跃。量的积累是质的飞跃的基础，没有量的积累，就无法达成质的飞跃。教师在进行知识整理式前置教学时，要特别注重学生基础知识的掌握，在紧扣教学目标和准确把握知识整理目标的前提下，引导学生从基础知识入手，紧扣基本训练，逐渐熟练掌握基本技能。而要熟练掌握基础知识，就必须进行大量的练习。所以，教师在引导学生掌握基础知识时，除了对整理的基础内容要做到小、少而精，还需精选一些基本的习题，做到精讲精练，以达到强基固本的目的。

心理学研究表明，当学习内容与学生熟悉的生活背景越贴近，学生自觉接纳知识的程度就会越高。所以，在引导学生掌握基础知识的同时，要在整个知识整理式前置教学中注入"生活"的元素，避免只是简单重复地罗列已有的知识，特别是在练习题的选择上要避免机械重复单调的训练，要从学生的实际出发，将练习题的设计与生活实际紧密联系，将抽象的、逻辑严密的内容与生动有趣的生活情境结合。

例如，在对"角的初步认识"的知识复习时，让学生在生活中找角，记录并画下来，然后汇报展示，他们的学习兴趣特别浓厚，不仅对学过的角的知识掌握了，还认识了一些特殊的角的特征，收获非常大。[①]熟悉的生活经历可以激发学生学习的兴趣和探究的欲望，使知识整理式前置教学不枯燥乏味，富有趣味性，加深了学生对基础知识的理解和掌握，使学生运用知识解决实际问题的能力得到培养和提高。

（三）见机导学，解疑释疑

教师要注意观察学生对知识的整理情况，适时、适当地引导、点拨学生。对于学生在整理过程中优秀独特的做法要予以表扬，对于错误的做法要及时予以更正和指导，并适当鼓励学生，避免学生对整理知识缺乏信心。并且，

[①] 于淑芹. 整理复习课在数学教学中的作用[J]. 黑河教育，2013（6）：43.

要及时发现学生在整理过程中的问题，如果这个问题是学生个人原因造成的，就要指导学生如何解决问题；如果这个问题是全班大部分学生都存在的，就要把这个问题单独罗列出来，进行点拨和疏导。

对于学生的疑问，教师要及时进行解答。如果当场不会，也不要"打肿脸来充胖子"，给学生以错误的解释，阻碍学生学习的发展。面对这种状况，应委婉地跟学生说这个问题有待解决，下课后及时去查找资料，在下次上课时再给予学生正确的答案。这样既为学生树立了榜样，又帮助学生解决了疑难问题，一举两得。更重要的是，在为学生解疑释疑时要考虑学生的心理特点和能力水平，不能当面责骂学生，对于基础比较差的学生要耐心指导，直到学生弄懂为止；对于基础比较好的同学，稍加点拨就行，不宜提示过多，要给予学生独立思考的空间。

（四）深化内容，形成体系

为加深学生对知识整理问题解决过程和结果的理解，教师在理清重点章节以及每一章节的重难点知识之后，不能只是简单地再现或回顾已学过的知识内容，而是要根据学科特点运用一定的方法概括和深化每一章节中的重点知识，整理归纳全章或者整本书的内容，通过比较、讨论、分析、综合、迁移等方法找出知识本身存在的规律性、系统性，沟通章与章之间、节与节之间的内在联系，提炼其中的核心知识，将繁杂的知识条理化、结构化，形成一个完整的知识体系。

在整理知识的过程中，要将整理的方法渗透其中，并设置一两个问题，引导学生有意识地反思知识整理问题解决的过程，主动接受知识。比如提示学生通过自己的方法整理出来的知识正确或错误的原因可能是什么，整理过程中还存在哪些问题等等，让学生清楚地知道自己在学习上的不足，帮助学生深化对所学知识的理解、重组和应用，使学生的知识系统化、能力综合化，为学生主动构建与自己的认知水平相适应的知识体系提供物质基础，最终使学生逐渐掌握整理知识的方法，实现自主整理。

三、知识整理式前置教学操作意义

知识整理式前置教学操作的任务在于引导学生主动参与知识整理，使学生以浓厚的兴趣和饱满的热情投入到学习中，提高教学效果。教师通过传授基础知识教给学生科学整理知识的方法，在对知识进行系统化、条理化、结构化处理的同时提高学生对知识的概括能力，从而培养学生自主整理知识的意识和能力，使学生从"学会"到"会学""会用"，获得终身受用的知识整理能力。而学生在学会运用知识的同时，可以在一定程度上获得创新意识和实践能力。

（一）培养学生的创新意识和创新能力

教师在进行知识整理式前置教学时，根据学科特点，通过恰当的方式呈现知识系统化、条理化、结构化的过程，让学生亲身体验将零散的知识系统化的过程。学生在亲身体验中，对于知识的印象、感受是最深的，在这种情况下对知识的理解也就更深刻，极易掌握知识之间的内在规律、性质和联系。学生在整理知识的过程中，逐渐具备整理知识的能力，实现创新意识的发展。另外，学生通过参与知识整理式前置教学，能够在巩固原有知识的基础上将已有知识举一反三、融会贯通，以实现知识整理式前置教学培养并提高学生创新能力的目的。

（二）提高学生灵活应用知识的能力

教师在运用知识整理式前置教学时，重视通过练习的方式巩固知识，加深学生对知识的理解。并针对教材重难点和疑点设计典型的、灵活的、生活化的练习题，将知识具体化，使学生能够将所学的知识学以致用。学生在练习的过程中通过分析比较、综合概括的方式把握知识之间的纵横联系，提高学生综合概括知识的能力，防止学生生搬硬套书本上的知识，不懂得灵活变通。更重要的是，学生通过解决灵活性、生活化的问题，培养了思维的敏捷性、发散性和灵活性，提高了思维品质，进而提高灵活运用知识解决实际问题的能力，在"学而时习之"中真正达到"温故而知新"的目的。

第三节 知识整理式前置教学课例分析

新课改强调在教学中重视"减负增效"，简单地说，就是在减轻课业负担的同时，增强学生的学习效果。而知识整理式前置教学是基于"减负增效"的教育理念下提出的一个有效的教学方式。教师在教学过程中根据教学要求和学生掌握知识程度的情况，将零散的知识串联起来，引导学生发现知识的规律，在整理知识的过程中掌握学习的方法和规律，掌握核心知识，扩大知识存量，真正做到"减负增效"。

一、 经典课例

除数是一位数的除法复习（教学片段）[1]

步骤一：学生动手，竖式计算

① $5766 \div 6 =$ 　　　　② $992 \div 8 =$

③ $630 \div 7 =$ 　　　　④ $704 \div 5 =$

⑤ $818 \div 4 =$ 　　　　⑥ $903 \div 3 =$

步骤二：反馈交流，找出错误

（此略）

步骤三：提出问题，深化学习

---

[1] 陈永强. 如何提高单元知识整理的有效性 [J]. 学苑教育，2012，(22)：51.

师：你能给这些算式分类吗？

生：有余数的一类，没有余数的一类。

生：我是按商的位数分的，商是两位数的一类，商是三位数的一类。

师：同样都是三位数除以一位数，为什么有的商是两位数，有的商则是三位数呢？

生：被除数的最高位除以除数，够商1，商就是三位数；不够商1，商就是两位数。

（板书：商可能是两位数，也可能是三位数）

生：我是按商中间是否有零来分类的。商中间有零的一类（⑤⑥），商中间没零的一类（①②③④）。

师：⑤⑥题商中间的0是怎么算出来的？

生：第⑤题除到十位时不够商1，就商"0"。第⑥题是被除数中间有0，0除以3得0得出的。

师（紧接着问）：被除数中间有零，商中间就一定有0吗？

（学生讨论）

生：不一定，像304÷7=152，被除数中间有0，商中间就没有0。

师：真棒！你能通过举例来说明问题。

（板书：商中间有0）

生：我还可以按商的末尾是否有0来分类，商的末尾有0的一类（③④），商的末尾没有0的分为一类（①②⑤⑥）。

师：③④题商末尾的0是怎么算出来的？

生：第④题末尾的0是除到个位时不够商1，就商0得出来的；而第③题是由于被除数末尾有零，0除以7得来的。

师：被除数的末尾有0，商的末尾一定有0吗？

生：不一定，像740÷5=148，被除数末尾有0，商末尾就没有0。

（板书：商末尾有0）

《除数是一位数的除法复习》是对单元知识进行整理的前置教学，教师通过归纳概括学生所学的知识，将学生易错、易混淆的概念和知识点清晰化，让学生亲身经历知识从零散到系统的过程，活化学生的认知结构。同时，给予学生充足的独立思考的时间，调动学生上课的积极性，提高课堂效率和对单元知识进行整理的有效性。《除数是一位数的除法复习》是一堂颇具特色的单元知识整理式前置教学课。

二、设计策略

（一）以问题形式呈现，层层递进

在一问一答中，关于除数是一位数的除法的重点概念、习题、解法和思路的整理，并非主次不分、面面俱到。学生一开始通过简单的列竖式运算，在脑海中重现单元知识点，为在教师的指导下学会整理除数是一位数的除法的知识点和掌握知识的重难点奠定基石，并且在教师层层递进的追问下剖析这一单元的核心知识，把握知识的本质特征，掌握和运用所学的知识。

在知识整理式前置教学中，习题和问题的设计要有一定的思维容量，符合学生的认知特点和学习规律，从简单到复杂，层层递进，有坡度和梯度，由具体到抽象，将学生对知识的思考引向深处，与自己原有的知识融合形成新的有深度的知识。在融合的过程中，使学生明白已掌握了哪些知识点或对哪些知识点理解得还不够清晰透彻，哪些问题是暂时不能解决或解决不了的，使学生对自己的学习有一个清晰的把握，在新旧知识之间建立更为紧密丰富的联系；并在思考问题、解决问题中不断深化自己的认知结构和思维能力，突破学习的最近发展区进而达到下一发展阶段的学习水平。

（二）适宜的问题情境，启发性强

不同的问题有不同的情境，在知识整理式前置教学中，教师要依据教学内容的不同创设适宜的问题情境，让学生在对比中找出自己的不足，探究新旧知识的内在联系，进而将学生的思维和注意力引入课堂，为学习新知识奠定良好的基础，提高学生的学习效果。

此外，由于学生受认知水平的限制，问题情境不宜超过学生所理解的范围，即不宜太过复杂，特别是对于中小学生，语言文字叙述要尽量简洁，复杂性的问题宜分解成几个简单的小问题，像一些逻辑性比较强的科目如数学、物理、化学等，这些科目的符号、图形也宜简单，而一些拓展性、类型性的问题要做好铺垫。这样才能使教师的追问具有逻辑性和启发性，才能引领学生对知识进行周密的思考，启发学生对所学知识进行分类整理，最终使学生全面、准确、深入地理解并掌握新知。

例如，当学生按商的位数对除数是一位数的除法分类时，教师追问："为什么同样是三位数除以一位数，有的商是两位数，而有的商则是三位数呢？"当学生回答"第⑤题除到十位时不够商1，就商0，而第⑥题是被除数中间有0，0除以3得0得出的"，教师立即追问："被除数中间有0，商中间一定有0吗？"教师的层层追问，启发学生对知识进行更深层次的思考，将所有知识点连接分化出来，形成知识链条，帮助学生全面理解知识。

三、操作方法

（一）发挥主导作用，升华知识体系

无论是小学生、中学生，还是大学生，如果没有经过专门的系统化训练，都很难将一个单元或一章的知识通过自我整理形成知识网。尤其是小学生，自我整理的意识和能力还没有完全形成，梳理的知识往往是肤浅、片面的，因此在知识整理式前置教学中，教师既不能完全放手让学生自行归纳整理所学知识，也不能把自己整理的知识强硬灌输给学生。教师应发挥主导作用，在学生整理时，给学生以适当的帮助，引导学生按照一定的方式、方法，将

平时零散的知识进行梳理、分类、归纳和整合。

在学生自主整理后，在课堂上要给予学生充分展示整理成果的机会，让学生在展示的过程中了解他人不同的整理形式、思维方式和不同的认识等，这样同学之间就能够相互矫正、相互补充、相互借鉴。此外，教师还要对学生的展示成果进行评价和总结，使学生进一步加深对已有知识的理解，升华知识体系，构建知识系统。例如上述课例通过让学生列竖式计算，再现本单元的知识点，并通过一问一答的教学方式了解学生的知识掌握情况，在问答中总结除数是一位数除法的知识点和计算时的注意点，让学生在计算的过程中再现需要整理的知识点，使学生在亲身体验知识整理的过程中自主建构本单元的知识网络。

（二）及时反馈，提高学生主动性

学生在学习时受到各种原因的影响往往很难将身心完全投入课堂，难免会出现注意力涣散的现象，而知识整理式前置教学的内容往往是学生已经学过或熟悉的知识，由此学生对知识整理式前置教学的过程就没有更强的求知欲和好奇心，在上课时更容易感到枯燥无味，精神涣散。

在知识整理式前置教学中，要及时反馈学生的学习活动，对学生成功的做法予以及时的评价或奖励，对学生错误的做法予以正确的引导。上述案例中，当学生举例证明被除数中间有0，商中间不一定有0的结论时，老师发自内心地感叹：真棒！学生得到了老师的肯定，自然对学习充满信心，更加积极主动地思考问题，激发了整理知识的动力。

教师要特别重视学生知识整理能力的培养，教育学生从系统化的角度分析问题、解决问题，使学生形成对所学知识进行整理的习惯，为自己"量身定做"一套属于自己的整理知识的方法，从而在"减负"的同时增强学习的效果。

第四节 知识整理式前置教学注意事项

美国著名教育家布鲁纳认为,获得的知识如果没有完整的结构把它联系在一起,那是一种多半会遗忘的知识。一连串不连贯的知识在记忆中仅有短得可怜的寿命。这句话充分说明了知识整理式前置教学的重要性,它的出现,改变了传统的一言堂、填鸭式、灌输式的教学方法,教师不再只重视内容讲授,还注重知识整理,实现新旧知识之间的融合。但是在实际教学中,对知识整理式前置教学概念的理解和实际操作仍存在一些误区。

一、知识整理课不是练习课

在知识整理式前置教学中,应将对知识进行整理的课堂教学与平时练习加以区别。知识整理课不是简单地再现旧知识,它能够打通新旧知识之间的联系,建立新旧知识联系的桥梁,所以对所学知识的整理和复习具有独特的作用。

然而在实际教学中,有些教师把知识整理课当成练习课,导致知识整理课不能发挥应有的作用和价值,教学效率低下,久而久之,知识整理式前置教学就名存实亡、形同虚设,不利于学生对知识的学习。这在毕业班中表现得尤为明显。例如,在高三紧张的学习中,学生经过两年的学习,他们要掌握的知识点是非常庞杂的。因此,在高三那年,教师更应该指导学生对所学过的知识脉络进行梳理,使学生有更清晰的认识和把握。

但事实恰恰相反,大部分高三教师认为距离高考的时间已迫在眉睫,没有过多的时间对繁杂的知识进行整理,此时学生学习知识最好的方法就是搞题海战术,进行大量的考试,三天一小考,四天一大考。认为学生做多了习题自然就会熟能生巧,就能准确把握重难点知识;在经过大量的考试训练后,学生已经身经百战,就能够学会正确运用所学的知识,在高考中取得好成绩。

但是，在这一过程中，教师没有考虑到学困生的知识掌握情况，导致学困生在学习中遇到比优等生更多的困难和挫折，致使学困生对学习缺乏信心，最终导致全班两极分化更加严重。

教师在实际教学中不能把知识整理课当成练习课，要认识到知识整理式前置教学能系统整理学过的知识，把所学知识串成片、连成线，形成一个完整的知识体系。教师只有深刻地认识到知识整理式前置教学对学生学习和运用知识的重大作用，才会转变观念，设计出一节节面向全体学生、促进学生全面发展的知识整理式前置教学课程。

二、整理方法不应一成不变

整理方法是知识整理式前置教学的轴心，正确的整理方法能够打造成功的知识整理式前置教学课程，为教学效率的提高发挥最大限度的作用。因此，在教学基本要求的前提下，教师应采用正确的整理方法——应允许学生在课堂上自由发挥，在作业上有自己的个性，而不是一成不变。

比如，在《生活与哲学》辩证法部分知识整理中，教师要求学生：概念全面、知识准确、关系准确，整理的方式不受限制。因此我们可以看到不同的三份作业。①

其一，作业主要是用纲要法进行知识整理，在整理过程中有所创新，不仅通过数字纲要法进行知识层次的分析，还添加了图示纲要法，把概念之间的关系通过连线、箭头连接起来。这种综合的知识整理体现了学生对概念的正确理解，也体现了学生对概念之间关系的正确理解。

其二，作业使用的是图示纲要法，交代了辩证法部分涉及的主要概念，以及概念之间的联系，这种图示简单明了，易于理解和记忆。但是该生的作业存在的问题是对联系、发展、矛盾之间的关系理解不到位，同时知识点过

---

① 赵敏. 如何引导学生构建知识体系[J]. 北京教育（普教版），2013，(12)：39—40.

于简单、不利于掌握。

其三，作业采用的是图示纲要法，和B作业的差异在于不仅有概念和概念之间的关系，还有相关知识的归纳和总结，内容比较全面。但是从图示中可以看到问题，比如该生没有认识到矛盾的特殊性和主次矛盾、矛盾的主次方面的关系，需要关注。

教师在指导学生整理知识时有规定但不要限制，要允许学生在课堂上、作业上的个性发挥，了解学生对知识的学习情况，从中找出学生学习存在的问题，帮助学生学会从整体性思考问题，发散学生的思维，利用多种方法解决问题，在解决问题的过程中对知识进行查漏补缺。在教师的指导下提升学生的反思能力和对知识的理解力，掌握正确的整理知识的方法，懂得如何把握知识内容的本质，从而提升整理知识的能力。

三、整理知识不应代替学生

学生在学习中受到认知水平的限制，不知道自己整理出来的知识是否正确，并且整理的知识往往是已学过的知识，与新的知识相比，学生就缺乏较强的求知欲和好奇心，就没有动力去整理知识。另外，教师囿于教学时间的限制以及在教学进度上的规定，就不愿把太多的时间花在整理知识上。因为整理知识有一定的难度，且要花费比较多的时间，所以教师往往直接给出已整理好的知识，让学生照抄并进行学习。这一现象在各个年级的教学中都普遍存在。

比如，我们可以经常看到这样的教学状况：教师在黑板上抄写或在投影仪中放映已整理好的知识，学生在台下奋笔疾书，一字一句地卖力抄写。考试时，也是考整理出来的知识，从而导致学生形成这样的学习方法——"上课抄笔记，考试背笔记，考完后什么都没记"，长此以往，就会使学生产生依赖心理和惰性，等着教师将整理好的知识完整地呈现在课堂中，而自己不主动思考，没有自己的想法和观点。

从中可以看出，在知识整理的过程中，如果教师代替学生整理知识，对学生是有害而无益的。学生不仅学不到真正的知识，还使自己的思维空间受到限制。学生在学习中缺乏思考，不利于学生创新能力的培养和学习能力的提高。因此，教师的教学应建立在学生自主整理知识的基础上，要为学生留有充足的思考的时间和空间，让学生通过不断锻炼，对知识进行深入探究，建立良好的知识结构，找出知识之间存在的规律和内在联系，形成一个有益于自己学习的知识网络系统。

第三章 兴趣为王：兴趣激发式前置教学

第一节 兴趣激发式前置教学概述

著名启蒙思想家卢梭认为："在教育学生时，问题不在于教他各种学问，而在于培养他有爱好学问和科学的兴趣，而且如果这种兴趣发展良好，就可以教他研究学问的方法。毫无疑问，这是所有一切好的教育的一个基本原则。"[①] 培养学生的学习兴趣是当今教育的重要目标，也是实现成功教育的第一步。兴趣激发式前置教学是实现成功教育的主要途径之一，它可以促使学生想学、乐学、趣学，使学生养成终身学习的良好习惯。

一、兴趣激发式前置教学的内涵与原则

（一）兴趣激发式前置教学的内涵

兴趣激发式前置教学，是指在教学前以学生的兴趣为取向设置学习提纲，

---

① 让·雅克·卢梭著，彭正梅译. 爱弥儿 [M]. 上海：上海人民出版社，2005：223.

让学生自己探究知识、解决问题的认识活动。兴趣在于激活潜伏在学生心中的内在学习需求，使学生对学习产生一种喜爱和追求的心理倾向，强化学生的学习动力，以提高教学质量。

需要指出的是，兴趣激发式前置教学是学生掌握知识的重要前提阶段，它以激发学生的学习兴趣为手段，最终目标是培养学生的学习兴趣。而兴趣的培养是指兴趣从无到有直至兴趣最终形成一种稳定的心理状态。[①] 学习兴趣的形成是一个不断变化发展的动态过程，这也是教师进行兴趣激发式前置教学时应该关注的。

（二）兴趣激发式前置教学的原则

1. 需要性原则

需要是兴趣产生的前提和基础。在进行兴趣激发式前置教学时，教师首先要考虑"学生需要什么"，然后根据学生的需要对教学内容进行取舍。要做到这一点，教师应细致了解学生的个体需要和群体需要，即在统筹学生需要个性与共性的基础上精心选取能够引起学生学习兴趣的知识内容，尽可能满足学生现阶段的心理需求和实际需要，既不能超出学生的理解能力范畴，也不能过分浅易。应让学生根据自己的需要选择自己喜欢学习的知识和学习的方式，扩大学生对知识学习的选择性，随着选择性的增加，学生对学习的兴趣就慢慢地显现出来了。

教师要分析学生的需要是否必要。因为教学时间有限，学生的需要具有差异性，教师难以把每个学生的需要都纳入教学。

做到以上这些，就很好地把握了兴趣激发式前置教学的需要性原则，就能够使学生的需求得到满足，这为顺利完成教学任务打下了坚实的基础。

---

① 颜昌明. 兴趣激发模型及初中生数学学习兴趣激发策略探讨 [D]. 桂林：广西师范大学，2008：8.

2. 生活化原则

生活化原则是兴趣激发式前置教学中最重要的一个原则，关注的是如何将教学与生活联系起来，让学生更好地进行学习。

教师应为学生提供与教学紧密联系的生活情景，可采用表演、实验、参观等，让学生自己去活动、去体验，使学生真正感受到在生活中学习知识的神奇和魅力，感受到所学知识的实用价值，体验到学习的乐趣，以积极主动、专心致志的态度全身心投入到学习中去。

3. 实践性原则

兴趣激发式前置教学的实践性原则是指将课内与课外有机结合起来，兴趣激发重在课内，课外则是延伸。

学校是一个小型的社会，在教学中将课内与课外相结合，不仅缩小了课堂与社会的差距，还锻炼了学生的社会适应能力。为此，教师可以举行比赛、课外表演、师生角色互换等教学活动活跃课堂氛围，让学生从"要我学"转变为"我要学"。

教师应提倡学生将在课堂上学到的知识和方法运用到课外，在巩固所学知识的同时提高实践能力。当学生发现理论与实践相结合的实用价值和重要性时，就能够充分调动起学习的积极性，进而保持对学习的兴趣。

二、 兴趣激发式前置教学的方法与作用

（一）兴趣激发式前置教学的方法

1. 因势利导，尊重学生的兴趣

兴趣的多样性决定了教师要学会尊重、保护学生的学习兴趣。教师要将兴趣转变成学习的动力。

例如，低年级的学生大多爱看漫画，教师可以把这当做一种教学资源。在讲授人类与环境知识时，可以给学生展示"1989 年世界环境日主题宣传漫

画",画面上的地球被拟人化,头上大汗如雨,脸上露出惊慌、痛苦和挣扎的表情,工厂及汽车排出的废气包围地球,一片已被砍伐破坏的森林。图下解说词:"啊!地球出汗了。"要求学生思考并回答问题:这幅宣传漫画揭示的全球主要环境问题是什么?产生这些问题的原因是什么?存在这些问题可能引起什么后果?[①]

漫画本身具有趣味性,容易调动学生积极参与讨论和思考的主动性,使学生意识到保护环境的重要性,形成保护环境的意识。面对学生喜欢漫画的兴趣,教师不是逼迫学生改变,而是因势利导,较好地达成了教学目标。

2. 以情促趣,用魅力激发兴趣

用情感促进学生学习兴趣的激发,就要建立良好的师生关系,情感基础是兴趣激发式前置教学能够顺利实施的润滑剂。这种情感基础来源于教师的人格魅力,要求教师有高尚的职业操守和崇高的师德。教师除了要注重提升自己的综合素质,培养认真负责的工作精神,还要关爱学生,尊重并公正对待每一位学生。

教师应以耐心、细致、平等的方式与学生沟通,多鼓励学生,让学生向你敞开心扉,敢于表达自己的看法和见解,增强学生在学习过程中的喜悦感、成就感。在课堂外,教师应为学生开放"问题诊所",欢迎学生随时带着"疑难杂症"来"问诊"。教师还要深入学生的生活,尽自己所能为学生解决生活的难题和难处,做学生的知心朋友。"亲其师而信其道",学生尊重教师,就会喜欢教师的课,就对该教师的课产生浓厚的兴趣。这是人格魅力作用的结果。

3. 变换方式,增强学生的兴趣

单一、固定不变的教学方式会挫伤学生的学习积极性,教师要在顺应学生的年龄特点、认知特点和学习需求的基础上,抓住学生的兴趣点并加以引

---

① 李桃. 基于"最近发展区"理论激发理科生地理学习兴趣的研究 [D]. 西安:陕西师范大学,2013:34.

导,激发学生的学习兴趣。

其一,重视学生动手操作的能力,启迪学生的思维。教师应设计让学生动手操作的环节,特别是数学、物理、化学等科目。教师在课前可以让学生制作卡片、几何图形、各种模型等学具,激活学生的触觉、视觉、听觉等多种感官,集中学生的注意力,激发学生学习的愿望,让学生通过操作、观察和思考,获得对知识的深层理解。例如,教师在讲解正方形的特点时,可以让学生自己动手制作正方形,并对学生制作的正方形进行点评,让学生发现和掌握正方形的特点。

其二,注重联系生活实际,增强学生学习的兴趣。涉及日常生活的知识是学生普遍感兴趣的,所以教师进行兴趣激发式前置教学时应将抽象的知识与学生的生活经验结合起来,例如,教学高中化学的酸碱知识,可以提问"洗发后如何护理头发呢",并指导学生进行实验,用经验帮助他们理解抽象的知识。在教学中联系生活实际,会使学生认识到生活处处有知识,从而增强学习的兴趣。

(二)兴趣激发式前置教学的作用

教育实践表明,如果漫长的学习过程不能使学生感兴趣,欣赏到科学的美妙,体验到发现和认识提高带来的快乐,学生不能从学习中得到精神上的享受,那么,学习目标再远大,也不能使学生坚持长时间的学习,更不能使学习成为生活的第一需要,养成学习的习惯。[1] 激发学生的学习兴趣是当前教学的重中之重,而兴趣激发式前置教学就是针对这一问题提出的有效的教学方式。教师根据学生的需要进行兴趣激发式前置教学,不仅点燃了学生学习的热情之火,更寻找到理论与实践相联系的支点。

1. 使学生在快乐中学习

---

[1] 杨维纲,等. 课堂讲授法[M]. 西安:西安电子科技大学出版社,1993:123.

兴趣激发式前置教学要求教师与学生处于平等的地位，彼此之间互相尊重。教师为学生营造轻松、快乐、和谐、宽容的课堂氛围。学生在这种氛围中，不但"有话可说"，而且敢于"说不同的话"，从而获得学习的成就感和愉悦感。这样的课堂，不但能促使学生爱学、乐学，还能让他们找到学习的兴趣和自信。更重要的是，当教师发现学生乐于学习时，就会以更加积极的态度投入每一堂课，进行更加精彩的教学。如此循环往复，学生便不再觉得学习是艰苦的，而会觉得是快乐的。

2. 提升学生的学习质量

兴趣激发式前置教学以激发学生的学习兴趣为出发点和落脚点，使学生的学习兴趣得到有力的激发。当学生对学习产生兴趣，就会集中精力，以极大的热情主动投入到学习中去，对所学知识进行深加工，加深对所学知识的理解。并且，兴趣越浓，钻研越深，促使学生准确把握知识与知识之间、知识与生活之间的内在联系，深化理论知识，将理论运用到实践中，从而提升学生的学习质量和学习效率。

第二节 兴趣激发式前置教学操作

一、兴趣激发式前置教学操作要求

任何教学的实施都必须遵循一定的原则，否则你会发现许多教学没有条理，甚至没有断定标准。兴趣激发式前置教学也不例外，只有把握好这些原则，才能更好地发挥兴趣激发式前置教学的作用，才能获得最好的教学效果。

（一）"双主"性

"双主"性原则是指教师主导与学生主体相结合的原则。教学包括教师的"教"和学生的"学"，是由教师和学生共同组成的双边活动，其中教师的

"教"要服务于学生的"学"。进行兴趣激发式前置教学应以学生为中心，了解学生的实际情况，包括他们的内在需求、认知特点等，从学生的实际情况出发，根据学生的需要来调整操作方案，尽力调动每个学生学习的主动性和积极性。

值得注意的是，有些学生的学习兴趣是因外在刺激而产生，并不是真正稳定的、持久的兴趣，它会随着外在刺激的消失而消失，这样不利于学生的继续学习。因此，兴趣激发式前置教学应以激发学生的内在学习兴趣为主，使学生对学习产生稳定、持久的兴趣，为学习的提高提供持续动力。

（二）激励为主

学困生往往不受教师的重视，很少得到外界的表扬、鼓励；相应地，他们把学习当做一种负担，更谈不上对学习产生兴趣。教师要想使学生对学习产生兴趣，就应创造机会让他们在学习中获得成功的体验。

教师对学生的激励方式需因人而异。对于成绩较好的学生，应在及时肯定的基础上指出学生的不足之处，还可有意表扬其他进步更大的学生，通过对比效应促使他再创佳绩。对于成绩较差的学生，教师应适度降低要求，积极主动挖掘他们身上的闪光点，让他们明白学习并非是一种负担，成功并非高不可攀，通过一定的努力就可达到目标。学生一旦获得信心，就能克服畏难心理，产生学习动力。

（三）发展性

发展性原则是指兴趣激发式前置教学要符合学生学习兴趣发展规律，符合学生心理发展的需求。

这一原则具体包括有趣、乐趣、志趣三个阶段。有趣是兴趣发展的低级水平阶段，它是由刺激物的外在的新异现象所吸引而产生的，具有随生随灭、为时短暂的特点。乐趣是兴趣的中级水平，进入此阶段，学生的兴趣已由对事物的外部特征的关注发展到对事物的内在联系的探究,兴趣基本定向,稳定性加强。由于深入钻研所带来的新的收获、新的成绩,学生不仅乐学,而且能学。志趣是兴趣的高级水平阶段,学习兴趣与个人的志向相结合,兴趣有了自觉性、方向性,学生能在学习志趣的调控下克服内外干扰而沉迷于学习。[①]

教师进行兴趣激发式前置教学应充分利用这一规律,激发学生的学习兴趣。遵循了这一规律,就能有效实施兴趣激发式前置教学。否则,将难以达到预期效果。

二、 兴趣激发式前置教学操作过程

(一)巧设导语,因课制宜

成功的导语能够吸引学生的注意力,诱导学生迅速进入学习模式,激发学生学习的兴趣和欲望。教师应重视导语的作用,在讲授新课之前,要有目的、有计划地根据学生的具体情况或教学内容精心设计导入新课的语言,力求简洁性、启发性和趣味性。例如,在讲授"浮力"这个知识点时,教师可讲述阿基米德和皇冠的故事;在讲授"可燃物燃烧需要什么条件"这一知识点时,教师可让学生点燃一根蜡烛并观察其燃烧过程。用故事和实验引入,教师既突破了教学重难点,也启发了学生的思维,使学生积极主动地参与到教学实践中。

导语的形式应多种多样,不能千篇一律、一成不变。教师要针对不同的课题设计不同的导语,如直入主题式、引入故事法、实物展示法等,使课堂教学引人入胜,以达到引起学生学习兴趣的目的。

---

① 曾凌鹰. 兴趣发展规律在教学中的应用 [J]. 基础教育研究,1999,(4):32—33.

（二）改变教法，开放课堂

在运用兴趣激发式前置教学时，教师应改变"以课堂为中心，以课本为中心，以教师为中心"的教学方式，将课堂与社会、生活联系起来，把课本和课堂外的新思想、新观念、新文化纳入课堂教学资源，在给学生带来新鲜感的同时激发学生的学习兴趣。为此，教师要与时俱进，积极接受新知识，以教材内容为支点，从社会生活中寻找与教学内容相关的素材，教给学生新知识，引导学生走出课本、走进生活。

例如，在教学《眼睛与仿生学》一课，除采用课文的例子，还可举美国在海湾战争中使用的侦察卫星、战斧式巡航导弹等例子，以加深学生对仿生学的理解，充分认识知识在社会发展中的作用，以此激发学习的愿望，激发学习兴趣。[①]

教师应注重将课堂教学与课外活动结合起来，让学生自己观察、动手、动脑，思考问题、解决问题，真正做到理论联系实际，体现知识的价值，使学生亲身体验获得知识的快乐，激发学生的学习兴趣。需要注意的是，课外活动的设置应以学科内容和学生需要为基础，在引导学生开展课外活动时应强调结合课堂知识，避免活动陷入盲目性，使学生走出课堂，走进社会，拓宽视野。

（三）多元评价，体验成功

实践证明，成功和满足能够强化学生的学习兴趣。因此在兴趣激发式前置教学中，教学评价应以表扬和激励为主。评价时应改变以往由教师评价的方式，可以采用学生自评和生生互评的方式，使教学评价从学生的角度出发，使每位学生都能够得到鼓励，都能看到自己的优点，焕发学习的热情。

---

① 孙秋海，樊文格. 兴趣是最好的老师——浅谈激发兴趣的几种方式 [J]. 邢台师范高专学报，2000，(3)：65-66.

必要时应降低评价标准，进行差异评价，使每位学生都能够获得成就感和满足感，使其学习兴趣得到强化。特别是对于学困生，教师应给予引导和鼓励，使其扬长避短，逐渐找回自信。此外，评价要避免流于形式，应根据学生的性格特点采用目标奖励、榜样激励、物质奖励、精神奖励等多元化评价，进而挖掘学生的潜能，稳定并深化学生的学习兴趣。

三、兴趣激发式前置教学操作意义

进行兴趣激发式前置教学应了解学生的需要，并将学生的需要与教学内容结合起来。这不但需要转变教学观念，还要充分发挥学生的主体作用，激发其学习的兴趣。当学生对某一学习内容产生兴趣时，就会对这一知识表现出特别的关注，并积极从事与这一知识相关的活动。

（一）激发学生的学习动机

兴趣激发式前置教学是根据学生的需要和特点而开展的，因此学生可以依据自己的需要有选择地学习，可以充分地发展自己的兴趣。当学生对某知识产生兴趣时，就会集中注意力，以满腔热情的状态投入到这一知识学习中，表现出惊人的毅力和勇气。同时，在强烈的兴趣的驱动下，学生更容易获得学习上的成功，从而产生新的学习需要和学习动力。

（二）促进学生的全面发展

兴趣激发式前置教学注重将教学内容与课外活动结合起来，使课堂教学延伸到课外实践。在课外活动中，学生可以不受课程计划和教学内容的约束，根据自己的学习需要和认知特点有计划、有目的地选择学习任务，因而更容易激发学习兴趣，更加积极主动地投入学习。此外，课外活动的广泛性、综合性和实践性，能够最大限度拓宽学生的知识面，充分锻炼学生的实践能力和创新能力等，为学会学习、学会做事、学会生存打下扎实的基础。

第三节 兴趣激发式前置教学课例分析

兴趣激发式前置教学重视学生的学习兴趣，旨在激发学生内在的学习动力，使学生好学，乐学，善学。应重视兴趣激发式前置教学，使教师的"教"和学生的"学"获得事半功倍的效果，提高教学质量。

一、经典课例

轴对称图形（教学片断）[①]

师：每个人都有自己的爱好，你的爱好是什么呢？说给大家听听！

生：我的爱好是打篮球。

师：是的，生命在于运动。

生：我的爱好是看书。

师：好，书籍是人类进步的阶梯。

生：老师，我的爱好是集邮。

师：集邮非常好，是一种很有修养的爱好。

生：我的爱好是下象棋。

师：老师也喜欢下象棋，课后咱们杀一局。

师：老师带来了一些同学们生活中常见的物品，我们来看一看。（教师依次展示蝴蝶、茶壶、飞机、手枪、闹钟和汽车的实物或模型）

师：你们能把这些物体分为两类吗？

生：我把飞机和手枪分为一类，它们是军用物品；汽车、茶壶和闹钟分为一类，它们是生活用品。

生：我把飞机、汽车、蝴蝶和闹钟分为一类，它们是对称物体；茶壶和

[①] 侯正琴. 例谈兴趣教学模式在小学数学教学中的应用[J]. 新课程研究，2009，(1)：83—84. 本文略有改动，题目为作者所加。

手枪分为一类，它们不是对称物体。

师：今天老师就和同学们一起研究具有这类特点的图形。

师：请同学们打开1号材料袋，每人从中选一幅图形，想一想，用什么方法才能证明它们是对称的呢？（材料袋中有蝴蝶、飞机、闹钟和汽车的图形）

师：先自己想一想，然后在小组里相互说一说。

生：我是通过对折发现这些图形是对称的。（板书：对折）

师：谁来演示一下？其他同学的方法跟他一样吗？

师：对折以后，你能发现什么呢？

生：对折以后，这个图形的两边重合。

师：重合程度怎样？

生：老师，我认为对折以后这个图形的两边完全重合。（板书：完全重合）

师：请同学们再把图形打开，和对折前相比较，你还会发现什么？

生：和对折前相比较，图形中间多了一条直线。

师：同学们，像这样对折后两边能完全重合的图形叫什么呢？书上有明确的说明，相信大家自学就会明白。请同学们看书第130页第1至第3自然段，把你认为重要的内容做记号。

师：通过看书自学，你获得了哪些知识？你能画出你所折的图形的对称轴吗？（生画后展示）

师：下面是某个图形的一半，想象它的另一半，猜一猜它们会是什么呢？（课件依次出示8、0、A、H和"口"的一半，生很轻松猜出）

师：刚才你们是依据什么知识猜出来的？你能猜出下面是什么字吗？

（课件出示"申"字一半，生一致同意是"申"）

师：同学们，我们所学过的数字、字母和汉字中有很多就是轴对称图形。

（课件显示△图形）

师：这个图形只是原来轴对称图形的一半，请你根据我们今天学习的对称知识，在作业纸上把这个图形画完整。请画好的同学把你的作品带到展示

台前展示一下。(答案多种多样,课堂精彩热烈,学生兴趣盎然)

师:同学们的表现太好了,老师也手痒了,仔细观察,猜一猜,老师要剪出一个什么样的图形呢?

生:美……

师:是的,这个字不仅读着美,更具有对称美。古代劳动人民在造字构物时,就非常注重对称美,对称美是数学美的一部分。同样,因为美,大自然选择了对称,人类也选择了对称,下面让我们一同欣赏生活中的对称美吧!(课件展示)

师:同学们,让我们像设计师一样,用灵巧的双手来创造美丽的轴对称图形吧,比一比,看谁设计的轴对称图形最具个性。前面的黑板就是你们展示作品的舞台!

(学生动手剪纸;播放背景音乐)

师:这些美丽的轴对称图形可以用来装饰我们的教室、卧室、门窗、墙壁等;当然,你也可以把你的作品送给你的朋友、同学,或者敬爱的老师。

二、设计策略

(一) 尊重学生,以学生为中心

在教学实践中,学生既是教育的中心,又是教育的出发点,一切教学行为都应以学生的学习需要展开。这就要求教师尊重学生的主体地位,尊重学生的认知特点和规律,使学生敢于表达、敢于提出疑惑或自己的见解,这有助于激发学生的学习兴趣,增强教学效果。侯正琴老师引导学生通过动手操作获得了关于轴对称图形的知识,就很好地激发了学生的学习兴趣,取得了良好的教学效果。

(二) 借助直观,探求知识规律

兴趣激发前置教学应重视直观教具的作用,自制与教学内容有关的教具,把抽象的知识形象化，使之易于学生理解，符合学生的心理特征和认知规律，从而激发学生对学习的兴趣。用形象生动的实物或模型激起学生学习的热情，引导学生从中获得感知，并在这个基础上找出知识的特征，形成抽象的概念。侯正琴老师利用蝴蝶、飞机、闹钟和汽车等图形，让学生动手操作以证明这些图形是对称的，进而发现轴对称图形的规律，引导学生从感性认识逐步归纳出"轴对称"的概念。知识虽然较为抽象，但由于学生对此充满兴趣，也就不觉枯燥乏味。

（三）形式多样，促使积极参与

巴甫洛夫认为，在学习活动中，如果有多种分析器参加，就可以提高大脑皮层的兴奋程度，促进暂时联系的形成；如果仅有一种分析器连续地进行活动，则大脑皮层容易产生内抑制过程。进行兴趣激发式前置教学就要让学生的多种感官参与教学活动，促使学生对所学知识产生浓厚的兴趣。

侯正琴老师不仅让学生自己动手操作获得关于轴对称的知识，还设计与所学知识相关的多样的练习，引导学生发现生活的美，使每个学生的手、脑、口、眼、耳等多种感官都参与其中，保持了持久的学习兴趣。

三、 操作方法

（一）巧妙引入，活跃氛围

英国教育家约翰·洛克说："教师最大的技巧在于集中与保持学生的注意。"而实际上，在45分钟的教学时间中，一般学生只有在前25分钟会集中注意力听讲，在后面的20分钟里则出现注意力分散的现象。因此，教师应充分利用"教学黄金时间"——课堂前的25分钟，以简练、概括、生动的语言把学生的注意力巧妙引入教学中。这个引入既要与教学的重难点相结合，又要留下悬念，诱发学生的求知欲望。

侯正琴老师先让学生对蝴蝶、茶壶、飞机、手枪、闹钟和汽车的实物或模型进行分类，然后让学生想办法证明蝴蝶、飞机、闹钟和汽车的图形是对称的，这激发了学生为释疑而探究的欲望，较好地激发了学生的学习兴趣。

（二）引导动手，丰富感知

"纸上得来终觉浅，绝知此事要躬行。"兴趣激发式前置教学重视以操作激发学习兴趣。兴趣激发式前置教学应注意结合教学内容精心设计一些以学生为主的操作活动，引导学生动眼看、动手做、动口说、动耳听、动脑思，使学生的思维处于兴奋的状态，引发学生主动参与学习，调动起学生学习新知识的热情。

侯正琴老师通过利用蝴蝶、飞机、闹钟和汽车等图形，让学生自己想办法证明这些图形是对称的，把学生带入关于轴对称知识的探究中。在初步学习轴对称图形之后，引导学生剪纸，让每位学生都有动手的机会，较好地调动了学生学习的积极性。

（三）联系生活，唤醒兴趣

兴趣激发式前置教学不能照本宣科，而应结合学生的需要和学习情况，紧密联系生活实际，引导学生深入生活，将生活有机地渗透、贯穿于整个教学过程。知识是抽象的，但生活是具象的，让知识与生活结合起来，促使学生深入思考和探究，唤醒学生内在的学习兴趣，积极投入学习。

侯正琴老师通过设计轴对称图形与生活联系的练习题，引导学生发现数学中对称的美和生活中对称的美。同时，让学生运用所学知识动手设计轴对称图形，并将设计的轴对称图形装饰环境或送给朋友、同学或教师，彰显出轴对称图形在生活中的价值，激发了学生学习知识的动力。

第四节　兴趣激发式前置教学注意事项

新课改后教育界越来越重视对学生学习兴趣的激发，许多教师花大量的时间和精力投入到探索如何激发学生学习兴趣的教学中，也探索出很多激发兴趣的方法和策略。但是，在实际教学中，一些教师对激发兴趣的目的认识不足，对兴趣激发及其教学的规律掌握不够充分，导致课堂变成了"表演式"的课堂。短暂式的表演或许一时能激起学生学习的兴趣，但不利于学习兴趣的保持，更不能促进学生深入学习。而这也是兴趣激发式前置教学在实践中主要存在的问题，是教师在教学中应该注意的事项。

（一）兴趣激发式前置教学应以教学内容为主

毫无疑问，任何教学方法的立足点都是教学，兴趣激发式前置教学也不例外，即教学是兴趣激发式前置教学的目的，兴趣激发只是为了更好地教学。所以，教师在教学中不应把兴趣作为兴趣激发式前置教学的立足点。但是一些教师为了激发学生的学习兴趣，常出现为了兴趣而兴趣的现象，在教学过程中不假思索地顺从、迎合学生的兴趣，把课堂变成活动课或表演课。这样虽然可以刺激学生的各种感官，引起学生的注意，却偏离了基本的教学内容，无法引起学生对教学内容更深层次的思考，使学生对学习内容本身产生兴趣，致使兴趣激发式前置教学"走样"，把兴趣激发式前置教学变成追求兴趣的过程，失去了教学的意义，学生就不能真正意识到学习的意义和价值。

例如，学生普遍对小品、表演感兴趣，于是在《皇帝的新装》这节课上，教师把小品表演搬上课堂，让学生在活动中体会课文内容，升华情感。但是整堂课，我们所看到的是一片混乱的场面，并且只是一小部分学生参与表演，大部分的学生则"无事可做"，整节语文课仿佛是一节活动课，对课文内容并没有实质的把握，更别提达到教学目标了。

研究表明，课堂中那些无关教学主旨和教学目的，虽能够有效激发学生学习兴趣的小技巧，对促进学生的学习无甚帮助。因为它们会通过启动学生不适当的认知图式，阻碍学生对主要观点的掌握及问题解决的迁移。① 进行兴趣激发式前置教学应以教学内容为主，要吃透教材，准确找出教学内容中的重难点，结合学生的实际需要和知识经验，从教材中挖掘兴趣的闪光点，从而自然而然地引出与教学内容有关的趣事、趣理、趣言，切勿无中生趣，以致画蛇添足。

（二）兴趣激发式前置教学应结合兴趣与努力

人们经常认为，兴趣与努力是相互对立的，认为兴趣是促使学生学习的唯一内驱力，唯有用兴趣的火种才能点燃学生学习的欲望。若这一观点出现在兴趣激发式前置教学中，就容易导致"激发学生学习兴趣"走向极端化，把兴趣激发式前置教学当作轻松教学，一味地降低对学生学习的要求，却美其名曰"减轻学生的学习负担"。于是，教师上课不备课，课后不留作业，课堂教学懒懒散散。教师省心省力，学生也无比轻松，一节课下来学生都无需努力，但获得的知识却少之又少，更不知道学了什么，该怎么学。

显然，兴趣与努力并不是完全对立的。例如，众多优异的科学家之所以能获得杰出的成就，不仅在于他们对自己所研究的领域感兴趣，还在于他们坚持不懈的努力和奋斗，二者缺一不可。可见，在行动过程中，兴趣与努力是相互联系、相互贯通的。正如杜威强调的，"努力绝不是与兴趣敌对的，它是从直接兴趣发展成为间接兴趣的活动过程中的一个部分""努力和兴趣一样，只是在它与行动的过程联结起来才有意义"。②

所以，在兴趣激发式前置教学中，教师不能只看重学生的兴趣而忽视努

---

① Harp, S F, Mayer, R E. How seductive details do their damage: a theory of cognitive interest in science learning [J]. Journal of Educational Psychology. 1998, (3): 414—434.
② 郭戈. 关于兴趣教学原则的若干思考 [J]. 教育研究, 2012, (3): 119—124.

力学习对发展兴趣的作用,应在激发学生兴趣的基础上引导学生努力学习,使学生在自己感兴趣的对象上有所发展,有好的成果呈现,继而将对学习的间接兴趣转化为直接兴趣,再升华为个人兴趣。只有这样,教师才能成为激发学生学习兴趣的"促进者",而不是"扼杀者";才能充分发挥学生学习的积极性和创造性,使学生能够明确自己学习的目标,取得成功。

(三)兴趣激发式前置教学应注重兴趣的维持

著名语文教育家魏书生说:"兴趣像柴,既可点燃,也可捣毁。"随着学生年龄的增长,学习内容的难度逐步加深,学习科目也逐渐增加,其中不乏一些枯燥的科目,学生的学习就变成繁琐、艰苦甚至是痛苦的过程,因而易减弱甚至消灭学生的学习兴趣。此时学生就需要稳定性强的兴趣来保持长时间学习的积极性。因此,在兴趣激发式前置教学中,教师除了要在激发学生的学习兴趣花费较多的精力,还要重视维持学生学习兴趣的重要性,思考并使用有利于维持学生学习兴趣的手段,将学生的学习兴趣延伸到课后。

比如,一节关于郑成功的历史课接近尾声时,教师发现一名男生在教科书上给郑成功像添了一副眼镜,在众目睽睽之下,教师没有指责学生,而是面向全班展示了该学生的涂鸦,用缓慢深沉的语调说:"或许更应该给他画上两行眼泪,因为他历尽艰辛从荷兰殖民者手中夺回的宝岛台湾,至今尚未回到祖国的怀抱!"并引用了后人评价郑成功的一副对联:开辟荆榛千秋功业,驱除鞑虏一代英雄。这样巧妙地收结本课,令学生回味无穷。该教师又利用作业把学生了解郑成功这一历史人物的兴趣延伸到了课后。[①]

在兴趣激发式前置教学中,教师首先要以学生为主体,营造和谐、民主的学习氛围,平等对待每一位学生,融洽师生情感。其次,要采取灵活多变的教学方式,根据每个学生不同的学习情况和需要,制定不同的教学方案,

---

① 时芳.兴趣教学热中的冷思考[J].科教文汇,2009,(11):47.

当学生在学习中遇到困难时，教师要注意保护学生学习的热情，适时引导学生正视困难、分析困难、千方百计地解决困难，培养学生坚强的意志和持之以恒的品质。最后，要用积极的语言鼓励学生，尽可能使每一位学生都体验到学习成功的乐趣，增强学生学习的自信心。做到这些，方能不断激起学生学习的求知欲，将学生对学习的短期兴趣转化为长期兴趣，使学生的学习兴趣得到持久保持。

第四章　先知先觉：新课预习式前置教学

第一节　新课预习式前置教学概述

"凡事预则立，不预则废"，在讲授新课之前，对于新课的预习尤为重要，这也决定了新课预习式前置教学在开展教学活动中的重要地位。它是衔接学生的"学"和教师的"教"的桥梁，既为"以学定教"奠定了重要的现实基础，也为教师准确把握教学内容提供了保障，从而提高了教学的有效性和目的性，在培养学生自主学习能力和自主探究式学习方面发挥着重要的作用。教师作为教学的引导者，应该重视课前的预习，把新课预习式前置教学当作提高并丰富学生原有知识经验的一个重要的教学方式，为创建高效课堂提供坚实的基础。

一、新课预习式前置教学的内涵与原则

（一）新课预习式前置教学的内涵

新课预习式前置教学是指教师通过布置新课预习作业，让学生在教师讲授新课之前通过完成新课预习作业，将要讲的教学内容超前学习。在这个过程中，教师根据教学目标，以及学生的认知规律、年龄特点、学习进度等，设计出符合学生的新课预习作业，使学生在预习中充分调动和运用已有的知识储备和能力，筛选出将要预习的关键信息，并对这些信息进行匹配、合并和解读，对新知识的学习有更加充分的知识准备和心理准备，同时为课堂教学的高效实施提供充分的条件。

需要强调的是，学生对于新课的预习并不是简单地熟悉教材内容，而是在教师的指导下进行的有目的、有方向、有计划的教学活动。因此，教师对于新课内容中预习作业的布置不能是无序的、随意的，也不能对学生的预习不管不问，让学生随意进行；而是要充分发挥主导作用，预先引导学生预知、理解，培养其自主学习的能力。

（二）新课预习式前置教学的原则

随着课程改革的不断深入，新课程标准、新教材对教师的教学和学生的学习提出了更高的要求。新课预习式前置教学设计也应随着课程改革的发展做出相应的改变，设计出符合新形势要求的新课预习式前置教学作业，为学生的"知识与技能、过程与方法、情感态度和价值观"三维目标的实现提供有利的学习条件，为学生搭建良好的自主学习、自主探究的平台，养成良好的预习习惯，巩固基础知识、基本技能、基本思想、基本生活经验。因此，新课预习式前置教学设计应遵循以下原则：

1. 主体性原则

在教学《第一场雪》前，教师布置了这样一个前置作业：请同学们寻找雪，听雪花飞舞的声音，也可以把美丽的雪景画下来等。最后，学生将自己的成果与大家一起分享，学生个个兴趣盎然。[①] 由于教师所布置的作业以学生

[①] 李永联. 如何布置小学高年级语文前置性作业 [J].《新课程·上旬》，2015，（06）.

为主，发挥了学生的主体作用，让学生在自主自发的情况下活动，投入学习，发现问题，思考问题，从而寻求出正确答案。这样以学生为中心的教学能够激发学生学习的兴趣，启发学生的心智，从而使学生在学习中收获成就感。预习的主体是学生，如果没有学生的主动参与，就不能使新课预习式前置教学行之有效。应注重学生主体作用的发挥，要真正把教学的主体——学生，作为新课预习式前置教学的聚焦点。

教师在设计新课预习作业时应关注学生的实际情况，其中包括学生的年龄、兴趣爱好、学习基础、学习能力、学习水平和学习背景等。充分考虑这些情况，设计出适合不同层次学生的预习作业，让学生在预习中独立思考、自主质疑、发现问题、解决问题，提高学习效果。

学生的预习离不开教师的指导，否则学生的预习将是零散的、无目的的、蜻蜓点水式的预习，获得的学习效果微乎其微。教师在重视学生主体性的同时，要发挥主导作用，不能对学生的预习"任其所为"，以避免教学的盲目性。在教师的指导下，学生有目的、有方法、有步骤、有组织地预习，这是新课预习式前置教学的基本要求。

2. 针对性原则

首先，针对不同学科不同阶段要有不同的预习方法和预习目标，要考虑学科特点，切忌绝对化，否则就体现不出新课预习式前置教学的意义和价值。其次，针对难易程度不同的教材内容，教师要认真研读，从教材特点出发，确定教学重难点，并结合学生的学习情况设计出具有梯度性和坡度性的新课预习作业。难度较大的学习内容，教师要将预习作业简单化，由浅入深。最后，教师要熟悉学生的学习能力水平，在学生已有的知识基础上设计不同层次的贴近学生最近发展区的新课预习作业，既考虑全体学生学习能力水平的普遍性要求，也考虑个别学习能力水平较强的学生的特殊性要求，让优等生"吃得饱"，中等生和后进生"吃得了"。

当学生在预习过程中获得成就感时，就能够增强对新课预习的兴趣，进一步提高自学能力。培养学生课前预习的习惯，也使教师掌握全体学生的学习情况，使教学有的放矢。

3. 多样化原则

傅庚生先生认为，现在的学生，好的是闻一知一，等而下的闻一知半，或竟闻十百才知其一。不是他们的才智太差，要怪我们这些做教师的画地为牢，把学生智慧给局限住了。[①] 教师应设计多样化的课前预习作业，拓展学生的思维，打开学生的"智慧大门"，改变以往教师始终采用同一种预习模式而导致学生感觉枯燥乏味的现状。

在对教学目标、学习目标和学生的学习情况有一个整体把握的基础上，应调动一切有助于学生自主学习的因素，尽可能通过动手操作、查阅资料、参观访问等多种方式沟通书本世界、现实生活和直接经验之间的联系，使学生的预习进入生活、进入社会。新课预习式前置教学不能只局限于课本，而应拓展到多姿多彩的现实生活中去，将所学知识运用到实际生活，增强新课预习的趣味性和多样性。

教师设计预习作业要符合教学规律、学生的年龄特点和心理特点，使学生在预习中能够形成自己独特的价值观，敢于思考，敢于质疑，对于知识有自己独特的理解，能够将知识与实践相结合，最终达到最佳的学习效果。

二、新课预习式前置教学的方法与作用

新课预习式前置教学不仅可以让学生在知识和心理上做到"有备而来"，还可以让学生在自主探究的过程中，获得学习知识的方法、经验和能力。教师应深入分析教学目标、教学内容，了解学生的学习情况和教学环境，以设计出符合不同层次学生的前置性作业，在提高学生知识能力与水平的同时，培养学生自主学习的态度和习惯。

---

① 赵志伟. 旧文重读——大家谈语文教育 [M]. 上海：华东师范大学出版社. 2007：132.

(一) 新课预习式前置教学的方法

1. 转变教学观念，引导学生重视新课预习

随着信息技术的不断发展，学生获取知识的渠道越来越多样，这对教师来说是一个挑战。教师要转变"传授——接受"传统的教学观念，由"灌"转"引"，由"讲"转"练"，更好地发挥主导作用。

教师可以采用比较的方法让学生重视新课预习式前置教学。例如，找来两篇课文，一篇课文指导学生预习，另一篇则没有预习过程，然后让学生感受其中的差异。教师也可以把学生分组进行对比试验，实验前发给学生一篇没有接触过的文章，实验组的同学给时间去预习，对照组的同学则不预习，另分出一组同学观察旁听。[①] 这样，预习过的学生就肯定比未预习的学生能更有针对性地上课，更容易理解和掌握教师所讲的知识点。学生通过亲身参与实验，对于实验得出的结论就更容易接受和遵守，就会意识到前置性学习能大幅提升学习效率，从而会激发他们参与新课预习式前置教学的积极性。

2. 明确预习目标，增强学生预习的有效性

传统的教学往往是学生被动地接受知识，而在新课预习式前置教学中，学生则是主动地学习知识。学生从被动接受知识转向主动学习知识是一个巨大的转变，刚开始或许会有个迷茫期，对前置性作业不知所措，比如不懂得如何设定新课预习的目标，更不知如何设定个性化的前置性作业。这时，教师就必须明确新课预习的目标，针对不同的教材、不同的学生设计不同层次的预习目标，以便让学生清楚地知道自己要预习什么，如何预习。

例如，在学习烷烃"同分异构体"这一部分知识时，教师首先向学生交待本节课内容"烷烃同分异构现象"，确定预习目标：会推导简单烷烃的同分异构体；然后讲清制作烷烃简易模型的方法，要求学生在预习时，动手用牙

---

① 李多菲. 语文预习研究 [D]. 哈尔滨：哈尔滨师范大学，2012：30.

签和橡皮泥制作戊烷的简易模型用于推导戊烷的 3 种同分异构体。[①] 学生在教师的指导下，知道自己要预习什么、如何预习，从而使学生在上课前就对将要学的新知识有所了解，知道疑点、难点、重点在哪里，在上课时就有更明确的学习目的，教师也能更有针对性地上课，解决学生不懂的问题。

教师也可以指导学生通过个人或小组交流讨论，结合所学知识和相关的资料，自己筛选学习中的关键信息，从而提出新课预习的目标。这样不仅提高了课堂教学效果，增强了学生课前预习的有效性，也培养了学生预习新课的能力和习惯。

3. 构建"作业超市"，调动学生的主观能动性

在一个班集体中，由于受到不同文化背景、家庭环境、学校环境和自身因素的影响，每个学生的学习基础和学习能力水平都是有差异的。所以，新课预习式前置教学应根据教学内容和学生的实际情况创建"作业超市"，使学生能够根据自身情况选择自己喜欢或能够独立完成的预习作业，满足不同层次学生的需求，激发学生预习新课的兴趣和学习动机。

例如，预习《早》这篇课文。除了基础题，教师还设计了一道趣味题：根据课文第 3 自然段关于三味书屋的陈设的介绍，在插图中找一找鲁迅的书桌。为了正确找出鲁迅的书桌，学生认真朗读课文的第 3 自然段，读得兴趣盎然。而在预习《游园不值》时，教师则设计了挑战题："春色满园关不住，一枝红杏出墙来"，含有深刻的哲理，你知道蕴含的哲理是什么吗？能不能再收集一些这样的诗句？这类题要求学生不但要读进去，还要想开去，读出个人见解。[②] 学生通过完成自己选择的预习作业，不仅可以掌握相关的知识点，还可以提高学习自信心，获得学习上的成就感，更积极地参与到新课预习式前置教学中来。

---

① 吴长勤. 浅议前置补偿、迁移与课堂减负 [J]. 中等医学教育，2001，(2)：15—16.
② 黄鸽. 自由预习填补语文预习的"黑洞" [J]. 青年教师，2014，(5)：52—53. （本文内容有所改动）

（二）新课预习式前置教学的作用

新课预习式前置教学的目的是让学生学会预习新课，其实质就是让学生学会学习，培养并提高学生的自主学习能力。教师通过设计符合不同层次学生的新课预习作业，让每个学生都参与到预习新课中来，增强了学生的主体意识，提高了学生的主体地位。同时，学生通过不断解决在预习新课中遇到的问题，培养了发现问题、分析问题、解决问题的能力，从而能够在课堂上更好地与教师互动，提高了学习效率。

1. 凸显学生的主体地位

新课预习式前置教学有利于创造学生预习新课的时间和空间，让学生更能充分了解自己对新知识的掌握情况，知道哪些知识点是自己会的，哪些是自己不会的；哪些知识点是重点，哪些知识点是难点，心中有数，在课堂上不再感到迷茫。

学生在预习新课过程中，主要依靠自己去完成预习任务，并逐渐形成自己富有个性化的观点。而这些一旦受到教师的认可或表扬，就会以更积极的态度投入学习，主体意识更加强烈。

2. 营造良好的课堂氛围

新课预习式前置教学使学生能够大致了解将要讲的教学内容，而教师在监督和检查学生完成预习作业的情况时，也能够了解具体的学情，从而可以有的放矢地进行教学，把更多的时间交给学生，真正做到"先学后教，以学定教"。学生初步了解和掌握新课的内容，对教师提出的问题胸有成竹，能做出比较快速的反应，而不会出现被动的困境。学生积极主动地参与课堂交流、讨论，与教师进行互动，形成了教师乐于"教"、学生乐于"学"的良好氛围。

3. 提高学生的听课效率

学生通过完成新课预习作业，可以查找出自己在学习上存在的问题，在上课前及时解决，上课时一改以往处于被动的状态。知道哪些地方该重点记录，该注意听讲，针对性强的预习作业，让学生省时省力，学习效率大大地提高。

第二节 新课预习式前置教学操作

美国教育心理学家奥苏贝尔提出的先行组织者理论认为，先于学习任务本身呈现的引导性材料，要比原学习任务本身有更高的抽象、概括和包容水平，并且能清晰地与认知结构中原有的观念和新的学习任务关联。新课预习式前置教学不是让学生浏览学习内容，放任学生预习，而是要发挥教师的主导作用，及时掌握学生对新课预习的情况。同时在设计前置性作业时，要将已学过的知识纳入预习新课的任务中，使学生在预习的过程中查缺补漏，建立新旧知识之间的联系，提高学生独立思考和自主探究的思维品质。

一、新课预习式前置教学操作要求

教师不能将新课预习式前置教学简单地理解为靠传统的口头式告知学生预习哪些内容、完成课后练习题，而是要依据课程标准、教学目标、教学内容，有目的、有计划地进行操作。而要做到这些，必须遵循参与性、联系性和任务性等要求。

（一）参与性

新课预习式前置教学是以学生和教师共同参与为条件的。学生主动参与是表现自我和社会交往的需要，教师主动参与是有效教学的需要。唯有参与，才能使教师的科学指导与学生的预习需要相结合，才能使新课预习式前置教学具有实效性。

教师应放下身段，主动参与学生学习活动，和学生一起研讨、探究、追求真理，与学生分享自己的知识经验和想法，这不仅可以提高学生预习新课的积极性、主动性，创建宽松、高效的预习氛围，还可以在与学生的交流中意识到自己的不足，也能及时发现学生学习存在的问题，并及时帮助解决，达到教学相长的理想效果。

（二）联系性

在教学活动中，教师一般是边讲新课边联系已学过的知识，如果学生在课前没有预习与新课有关的知识，在上课时就不知道教师在讲什么，降低了学习效率。学生预习的内容是尚未接触过的，教师应将前置预习问题分解成多个小点或多个问题来呈现，把预习内容置于新课预习作业中。要有一些与旧知识联系的题目，使学生在预习中实现知识迁移，沟通新旧知识之间的内在联系，将新知纳入原有的知识结构体系中，调动学生原有的知识经验，激活已有的知识储备，为学习新知做好心理准备和知识储备。

（三）任务性

学生在教师的指导下，通过自身的感知、体验、实践、参与合作等形式，实现任务目标，感受成功。[①] 这就要求教师布置的每一项任务的目标都必须明确，使学生知道自己要预习什么、预习的目的是什么，做到心中有数。目标的设定要着眼于学生对基础知识、重难点知识、易错知识的掌握和探究，使学生养成质疑和独立思考的习惯。教师要准确把握学生预习新课的要求，使学生清楚地知道自己所要完成的任务，同时要预料学生在完成任务过程中可能会遇到的困难，给予恰当的指导，使新课预习式前置教学更具意义和价值。

---

① 中华人民共和国教育部. 义务教育数学课程标准 [M]. 北京：人民教育出版社，2003：45.

二、 新课预习式前置教学操作过程

（一）预习指导，培养预习习惯

在新课预习式前置教学中，预习指导即新课预习作业。教师在指导学生预习之前应先深入研读教材，紧扣教学目标，结合学生学习的实际需求，用心设计出具有有趣性、差异性和可操作性以及符合不同层面学生的新课预习作业。同时，新课预习作业要讲究拓展性、探究性、反省性、质疑性和假设性，对于一些学生通过自学就能掌握的知识，就不必呈现在新课预习作业中，以培养学生自主探究的精神，培养学生的预习习惯。

（二）创设环境，展示预习成果

展示学生的预习成果是新课预习式前置教学的一个重要环节。因此，教师需创设一个和谐、宽松、可接纳性的教学环境，允许学生通过预习报告、预习演讲、预习反馈、当小老师等形式将自己的预习成果展示出来。例如，让学生在限定时间内以自己喜欢的方式展示预习成果，其他学生对此做出适当的评价。如果展示者的成果受到教师和同学的赞扬，展示者会获得很好的成就感，会更加重视新课预习的作用。评价者则可以通过评价进行对比，找出自己的不足之处，不断提升自己。

在学生展示预习成果的过程中，教师应及时进行预习反馈，对学生预习情况有全面的了解，以此进行更有针对性的教学，以提高课堂教学效果。

（三）及时检测，提高预习能力

教师在布置完新课预习作业后，不能对学生完成新课预习作业的情况置之不理，否则，将大大降低学生对预习新课的重视度和热情，不利于新课预习式前置教学的顺利进行。及时检测是新课预习式前置教学一个必不可少的环节。检测的方式多样，可以是自我检测、生生检测，还可以是家长检测、教师检测等，最好是综合多种检测方式，这样可以加深学生对新课预习内容的理解，培养学生发现问题、分析问题、解决问题的能力，从而提高学生预习新课的能力。

需要注意的是，低年级学生的自我约束、自我检测能力比较弱，他们的预习检测主要由教师或家长来完成。教师在进行检测时，可以根据检测的情况，适当评价学生的预习表现，以强化他们预习新课的动机。

三、新课预习式前置教学意义

新课预习的目的在于引导学生在课前对将要学习的知识有一个整体的把握，便于学生更好地进行学习。教师可以借此走近学生，关注不同层次学生的学习状态和个体差异，更好地发挥学生的主动性，增强他们的学习内驱力，提升学习效益。

（一）有利于教师掌握学情，实现个性化教学

心理学家奥苏贝尔曾说，假如让我把全部教育心理学仅仅归结为一条原理的话，那么，我将一言以蔽之：影响学生的唯一的最重要的因素就是学生已经知道了什么，要探明这一点，并据此进行教学。[①] 教学方法卓有成效的一个条件就是，教师明白学生已经知道什么，还需要什么，这些都可以通过修改、批阅学生的新课预习作业获得。教师全面了解学生的情况后，就可以有的放矢，并根据具体情况调整教学计划，实现针对性教学。

（二）有利于学生体验成功，增强学习的自信心

在新课预习式前置教学中，新课预习作业是依据学生的实际情况而设计

---

① 皮连生. 智育心理学 [M]. 北京：人民教育出版社，1996：106.

的。因此，学习能力和水平比较高的学生就可以比较轻松地完成新课预习作业，而自学能力比较弱的学生也能通过自主、合作、探究等学习方式完成新课预习作业，整体把握新课知识内容；而且，教师为了在课堂上检查学生的预习效果，通常向学生提问有关新知识方面的问题，以便巩固学生的预习效果。此时，预习过的学生会比未预习的学生回答得比较好，会得到老师的肯定或表扬，这无疑给学生起到良好的示范，增强学生预习新课的动力。

第三节 新课预习式前置教学课例分析

新课预习式前置教学实现了由"传授—接受"式向"自学—辅导"式教学模式的巨大转变，教师在课堂上的"讲"更多的变为"导"。这也使学生的学习方式发生了根本性的改变，学生由被动接受知识向主动探究知识转变。教师从学生的立场出发，让学生在预习新课中自主发现、自主质疑、自主探究，培养学生的预习能力和自学能力，促进学生创新精神的发展。

一、 经典课例

定风波[①]

【使用说明与学法指导】

1. 依据学习目标，结合导学案中的问题提示，完成前置学习。

2. 全体同学积极主动，小组长做好督促与检查工作。

3. 将预习有疑问的或不能解决的用笔标记好，在课堂上认真学习，主动思考，规范展示，大胆质疑。

---

① 李文举.《定风波》教学实录（节选），见：李多菲. 语文预习研究 [D]. 哈尔滨：哈尔滨师范大学，2012：35—36. （编者略有改动）

【学习目标】

1. 掌握吟诵诗词的技巧，学会抓住关键词语感悟作者形象、体会情感的鉴赏方法。

2. 引导学生对苏轼及其词做出自己的评价，正确面对学习和成长中的风雨。

【学习重难点】

通过对本词重点词语的品味，把握苏轼超脱旷达的襟怀。

【前置准备】

学生查阅并收集苏轼及本文创作背景的相关材料。

【导学过程】

步骤一：自主积累

（1）苏轼，字_____，号_____，他一生坎坷，因"_____"被贬黄州，一贬再贬的经历，却造就了他的文学艺术最高峰。词开_____一派，与_____并称"苏辛"。（A级）

（2）请依照示例，用苏轼的诗词另写两句话，组成排比句。（B级）

例句：苏轼，你观赏西湖后留下了"欲把西湖比西子，淡妆浓抹总相宜"的千古佳句；_____

步骤二：诵读感悟

（此略）

步骤三：文本梳理

试用诗意的语言疏通文义。（A级）

步骤四：合作探究

在这场突如其来的大雨中，苏轼有什么表现呢？可以看出苏轼怎样的情怀呢？（B级）

步骤五：疑难探究

"也无风雨也无晴"通常被人们称为全词的词眼，请结合作者的生平经

历，谈谈你是如何理解的。(C级)

步骤六：达标检测

简析下面这首宋词中的人物形象。

诉衷肠（陆游）

当年万里觅封侯，匹马戍梁州。关河梦断何处？尘暗旧貂裘。胡未灭，鬓先秋，泪空流。此生谁料，心在天山，身老沧洲。

注：沧洲，水边，古时隐者所居之地。

_____

_____

步骤七：学后反思

（1）本节课中，你学到了哪种诗歌鉴赏方法？

（2）同学们，你们在日常的学习生活中，遇到过挫折吗？以前你是如何处理的？学了苏轼的这首《定风波》之后，你还将如何处理呢？

步骤八：作业设计

将本课同《念奴娇·赤壁怀古》《江城子·十年生死两茫茫》比较，写300字左右的练笔。

步骤九：随堂小结

（此略）

二、设计策略

李文举老师围绕教学目标，从作者生平、课文思路、知识迁移等角度指导学生进行新课预习，并将课前预习和课中教学结合起来，辅助学生解决预习中遇到的疑难问题，主动获取知识，提高了上课效率和教学效果。

（一）目标清晰，增强预习动力

纵观上述课例，可以看出李文举老师设计《定风波》的预习内容比较详细、具体，清晰地罗列出了学习目标，学习重、难点，以及前期准备工作，让学生一目了然，知道自己要掌握什么，在预习中有了努力的方向。从心理学角度来看，动机的产生需要目标或对象的引导。因此，在学生预习新课时，教师不能游离于外，而要发挥主导作用，指导学生解决疑难问题。《定风波》的预习设计很好地体现了这一点，为学生顺利完成新课预习作业、达到学习目标提供了保证。

（二）自主质疑，增加思考深度

著名数学家波利亚认为，学习任何知识的最佳途径都是学生自己去发现，因为这种发现理解最深刻，也最容易掌握其中的内在规律、性质和联系。促使学生发现问题是新课预习式前置教学的关键环节。教师应给予学生提出问题的机会，启发他们深入思考，而不要停留在课本上；应鼓励学生边学边思，敢于质疑。李文举老师要求学生在预习过程中边读边写，在有质疑的地方提出自己的观点和依据。观点不同，才有思维碰撞；质疑问难，才能深入思考。使学生成为有主见、不迷信权威的人，是新课预习式前置教学的追求。

（三）引导反思，促进思维发展

学生学习后，难免会有困惑或抓不住重点。此时，教师应积极引导学生对所学知识进行反思，并通过反思问题、示范例题、结合生活等方式教会学生反思，使学生对所学知识的理解和掌握更加深刻和系统，促进学生思维发展。

李文举老师安排了学后反思这一环节，留给学生反思的时间，学习苏轼面对挫折时乐观、旷达的精神。这不仅让学生掌握了重点知识，而且使学生明白应如何正确面对挫折，培养学生正确的情感态度和价值观。

三、 操作方法

为了充分发挥新课预习式前置教学的作用和价值，教师应把握新课预习的难易程度，避免过度的超前学习，对学生的学习和发展产生反作用。此外，要对学生的新课预习进行检测和拓展，了解学生对课本的预习情况，通过知识迁移增进学生对新知识的理解，提高学习能力。

（一）难易适中，张弛有度

李文举老师将预习问题分为 A、B、C 三个等级，这三个等级是循序渐进的，每个等级都有一到两个问题，从自主积累的基本常识到对学习内容的深入理解，无不体现出教师在设计新课预习时的匠心独运。而且，这些问题都是每个学生必须重点掌握的，在难易程度上具有一定的适中性，使学生能够把握重要知识点，提高学生的预习效率。

因此，新课预习式前置教学既要设计引发学生思考的问题，又要把握预习问题的数量和控制预习内容的难易程度。学生的学习贵在自得，教师应根据教学内容和学生的学习情况设计一些适中的问题，使学生在自主寻找答案的同时燃起对学习内容的兴趣和热情，获得一些有价值的东西；要求学生在该预习的地方预习，不该预习的地方熟悉即可，达到张弛有度的效果。

（二）当堂达标，提升自我

目标教学理论的提出者布鲁姆认为，以分班教学为教育管理形式的班级中，只要给予必要的时间和条件，95%以上的学生都能达标，绝大部分学困生是由于学习过程中的累积性误差造成的。[①] 教师在教学之前需对学生的预习情况进行达标检测，唯有这样，才可以依据学生的预习情况对自己的教学进行及时的调整，并及时指导个别学习比较差的学生，从而更及时地解决由累积性误差造成某些学生学习偏差的问题，改变以往教学中学生"一听就懂，一看就会，一做就错"的普遍现象，提升学生的学习力。

---

① 赵春英. 及时反馈矫正，提高教学质量[J]. 甘肃教育，1997，(5): 18.

(三) 拓展延伸，加深理解

李文举老师要求学生在预习完《定风波》后完成《诉衷肠》的练习，旨在将《定风波》中学到的分析人物形象的方法运用到其他诗词中。教师要求学生联系生活实际，学习苏轼积极面对困难的精神；接着要求学生仿写《定风波》，以写促读，深入掌握《定风波》的核心内容。

在新课预习式前置教学过程中，教师应引导学生联系与学习内容相关的知识点，实现新旧知识间的结合，使知识更加系统化。同时，引导学生将知识与实际生活联系起来，调动学生的知识积累和生活积累，对学习内容进行深层思考，提高学生解决实际问题的能力。

第四节 新课预习式前置教学注意事项

新课预习式前置教学在于引导学生自主学习新知识，有利于学生自学能力和创新精神的培养，实现学生的自我教育。但是，由于受教师专业水平、教学环境和应试教育的影响，并不是所有教师都能运用好这种教学方式，在实际操作中存在或多或少的不足和误区，需要引起注意。

一、应避免所有学习内容都预习

很多教师都意识到预习新课对课堂教学的重要性，但是很多教师未能真正理解新课预习式前置教学的内涵和意义，将学生对于新课的预习作为学习的必要环节。殊不知，预习新课是为了让学生初步了解学习重难点，对学习内容有一个总体把握和感知，并不是在课前就要预习所有内容。如果这样，学生就要耗费大量的时间和精力去完成新课预习作业，增加了学习负担。学生为了尽快完成新课预习作业，就会过多查阅辅导资料，甚至完全按照辅导资料上的解读进行作答，缺乏独立思考，得不到实质性的收获，也使新课预习式前置教学失去了原本的意义。

例如，一位小学数学教师教学"发现规律"一课，课前发出"禁止学生预习"的指令。他认为，新课本的知识很多时候是以对话形式呈现的，把该给学生思考的部分都呈现出来了，学生思考的空间小了很多。他发现，学生经过预习就会有一个固定的掌握规律的模式，课堂上的回答常常直接按照书本的答案来，但为什么要这样想，大部分学生完全没有思考，探究过程大打折扣。因此，他在教学设计中，应用内容让学生自学，而其他一些内容尝试去掉预习环节。[1]

这说明，并不是所有的课程内容都要布置新课预习作业。是否要预习，预习什么内容，预习内容要多少，这些都要把握一定的分寸和尺度，不宜过多、过难或过易，避免做无用功、浪费时间。另外，教师要紧扣教学的重点和难点，设计一些一般参考资料难以找到的问题，为学生创造独立思考的机会，激发学生自主思考和探究的热情。

二、应设计差异性的预习作业

在现实教学中，教师往往忽视学生的年龄特征和理解能力，布置的预习作业不是太难就是太简单，有些甚至令人费解，学生无从下手。这样不仅使新课预习式前置教学收不到预期的效果，也降低了学生学习的热情和自信心。所以，教师要充分了解学生的兴趣爱好、性格特点、学习习惯、认知水平等方面客观存在的个体差异性，以便使新课预习式前置教学富有针对性。

例如，教学人教版初中数学九年级《二次函数的图象》时，我们可以这样设计三种不同层次的预习作业：第一种是基础较差的学生，让学生预习时只需记住二次函数一般式和顶点公式，并仿照例题做练习题；第二种是基础较好、学习程度中等的学生，要求他们在预习时能够看懂一般式变形成顶点

---

[1] 范德洲. 预习，绝不是事先找答案[EB/OL]；生本教育网，http：//sb. eact. com. cn/show_news. php? news_id=3509，[2011-9-17].

式的推导过程，记住顶点公式，在预习本上完成教材"做一做"的两道练习题；第三种是基础很好、学习程度好的学生，在预习时要试着自己推导把二次函数的一般形式变成顶点式的形式，然后能得到一般式的顶点公式，并记住该公式，完成"做一做"的两道习题。[1]

因此，教师应改变以往"一锅煮""清一色"的做法，针对不同的学生设计差异性的新课预习作业。对于后进生，教师要适当调整和降低预习的难度和要求，在新课预习作业中增加一些基础性的内容，让他们能够知道自己要预习什么，并尽自己所能完成新课预习作业，解决一些问题；对于中等生，教师要设计难度适中、启发性强的预习作业，使他们在能够完成预习作业的过程中不断提升自我，逐步进入优等生的行列；对于优等生，教师要设计一些难度比较大且能引导学生发现知识间内在联系的新课预习作业，从而建构知识体系，培养学生的创新思维。

三、应注重拓宽新课预习的范围

由于受传统教学方式的影响，教师在布置新课预习内容时通常是教到哪里就让学生预习到哪里，预习的内容只局限于教材本身，形式单一，范围窄。教师应注重拓宽新课预习的内容和范围，摒弃以往以课本为中心的教学观念，使课内与课外相结合，让预习发挥出最大作用。

例如，有一位教师在设计《祖国的神圣领土——台湾》的预习作业时，不仅要求学生对课内的主要知识做事先的了解，而且在"自我探究"这一部分中设计了"课题：台湾的出口导向型经济与日本贸易导向型经济的异同点"，让学生利用课外时间收集资料进行学习比较。而在"课外阅读之一"部分中提供了有关日月潭介绍的阅读资料，让学生通过阅读了解我国的大好

---

[1] 黄卫韶. 试论初中数学预习作业的设计 [J]. 教育教学论坛，2013，(7)：179—180.

河山。①

  在新课预习式前置教学中，学生对新知识的预习不能仅限于教材本身，更应充分利用工具书、参考书和网络资源，丰富所学的知识。此外，在充分考虑学生的实际情况和教学环境的前提下，可以多布置一些涉及课外知识的新课预习作业，让学生开阔知识视野，扩大思维空间，提高创新能力；通过亲身实践，将理论与实际联系起来，提高学生解决实际问题的能力。

---

① 高原，朱青. 由"导学案"引发的关于预习的反思 [J]. 教育科学论坛，2012，(1)：23—25. (本文内容有所改动)

第五章 牛刀小试：作业布置式前置教学

第一节 作业布置式前置教学概述

"生本教育"是以学生为本的教育，它所遵循的教学原则是：先做后学、先会后学、先学后教、以学定教，最终达到少教多学甚至是"不教而教"。如果教师教学前，学生对所学的内容一窍不通，就很难达到"不教而教"的目的。因此，只有做好了"生本教育"理念下的前置性教学，才能真正达到"生本教育"的目的。作业布置式前置教学又称为前置教学小研究或前置性学习，是生本教育理念下的一个重要的表现形式。

一、作业布置式前置教学的内涵与原则

（一）作业布置式前置教学的内涵

作业布置式前置教学是指教师在讲授新课之前，从教学内容出发，设计出适合学生学习状态和发展潜力的具有目的性、针对性、开放性、可操作性的前置性作业，从而让学生在已有的知识水平和生活经验的基础上，进行尝

试性、自主性学习，预先感知和初步理解将要学习的内容，提高课堂教学效率。

它与传统意义上的作业设计不同，其目的不在于巩固知识，而是注重学生的"先学"，且一定要对学生的"先学"进行引导，是教师根据教学目标，在作业设计中挖掘知识点和教学内容中所隐含的价值，提出具有知识内涵、研究价值、开放性的题目，以此引领整个教学过程，提高学生的创新思维和能力的导学作业设计。作业布置式前置教学不仅可以安排在课前，也可安排在课中进行，这要视教学内容和学科特点而定。作业布置式前置教学的意义不仅在于能够让学生在"学"中体会到知识的广袤，体现教师扎实的基础，更重要的是体现了"生本教育"理念的核心——一切为了学生，高度尊重学生，全面依靠学生。

（二）作业布置式前置教学的原则

作业布置式前置教学合理、科学、具有针对性，是保证课堂有较高质量和容量的基础，同时是让学生养成良好的预习习惯、自主学习习惯和与他人友好合作的习惯的前提。

1. 目的性原则

明确的目的性是作业布置式前置教学必须遵循的一个原则，是为了让学生在预习新课和温习旧知中获得新知，从而培养学生自主学习的习惯和能力，提高学生的创新思维能力。

作业布置式前置教学应以教学内容和教学目标为基础，在充分考虑学生的年龄特点和心理规律的前提上，注重学生的内在需求。从心理学角度分析，只有真正以激发学生的内在需求为目的，才能使学生在学习过程中有持久的动力。

此外，不能想怎么教就怎么教，想教什么就教什么，而应紧密联系教学内容、要求和目标，从易到难，循序渐进，防止出现随意性和盲目性。学生通过完成教师布置的前置性作业，掌握知识与技能，在更深层次上对所学的知识进行理解和巩固，有利于学生掌握重要的知识点，达到事半功倍的效果。

2. 低入性原则

生本教育的另外一个理念是"低入"。"低入"的含义是根本、简单和开放。这里的"根本"和"简单"是指学生在学习过程中思想发生碰撞的地方、新旧结合的地方、认识进一步加深的地方，也就是要从学生最近发展区入手；开放是指作业的问题是开放的，可以引导学生思维的开放，有利于学生掌握适合自己的学习方法、学习策略。

教师在布置作业时要结合教学内容和学生的实际水平，难度适中，避免作业过于复杂难懂和知识点前移的倾向，不能有过高的要求，要以基础为主，使成绩中下等的学生在原有的知识水平上对作业有较强的接受性，照顾全体。教师要充分考虑学生的实际情况、个别差异，特别是基础比较薄弱的学生，按优、良、中、差四个层次来精心设计作业，使每个学生都能够参与其中，让不同层次的学生根据自身的情况巩固和发展原有知识，找到符合自己的位置，增强自信心。

3. 指导性原则

作业布置式前置教学的重点是对学生的先学具有导向性，即指导性。在紧扣教学目标设置的前提下，让学生在先学的过程中有一个方向，知道自己要学什么，哪些是知识的重难点，最终要达到什么目标，使学生在自主学习的过程中有一个"学习蓝图"，不至于在学习中偏离学习目标，做无用功。

在作业布置式前置教学中，前置性作业的布置必须对下一课时的教学内容具有导向作用，下一课的整体思路也必须在前置性作业中体现出来。前置性作业可以直接或间接展示下一节课的重点和难点，让学生的思维提前进入下一节课，预先掌握下一课的大致内容，提高上课的效率。

4. 趣味性原则

著名教育家布鲁姆说："学习的最大动力，是对学习材料的兴趣。"学习是一门艺术，是一种非常复杂而又艰苦的脑力活动，那么如何把学生从艰苦的脑力活动中解放出来，兴趣就是最好的帮手。学生主动先学的最重要动力就是兴趣，这就要求作业布置式前置教学要有一定的吸引力，能吸引学生，激发学生的学习兴趣，使学生在快乐中学。

作业布置式前置教学的趣味性应体现出题型灵活多样、新颖，作业的形式和内容生动有趣，具有创造性，尽量避免死板、机械、重复、枯燥和乏味，从而激发学生的学习兴趣。比如，可以根据教学内容采取多种方式：书面、口头、绘画、表演、多媒体等，让学生在完成作业时兴趣盎然，乐于思考，从中体味作业的乐趣。学生带着兴趣学习，思维就会更加活跃、广阔，反应更加灵敏，更加容易掌握知识的规律。因此，作业布置式前置教学要符合学生的心理特点，设计形式和内容要多样，富有趣味性和创造性。

5. 开放性原则

一千个读者，就有一千个哈姆雷特。相应地，每个学生都有自己的思想，这要求教师布置前置性作业时应该充分考虑学生参差不齐的思想水平，设计开放性的作业，深入挖掘学生的智力潜力，让不同思想水平的学生都有"发言"的机会，发表自己的观点和感想。更重要的是，让不同层次的学生尽自己所能获得一些有利于自己发展的知识，增强他们的自信心。

6. 创新性原则

创新是一个永恒不变的话题，而学生创新能力的培养和提高也成为教学必不可少的任务。教师设计前置性作业，要多为学生提供创新的平台和机会，引导学生发现问题，通过自身努力或与他人合作解决问题，提高创新能力。但是，作业的形式和内容不能偏离学生的认知水平和思维发展水平。具体地说，一是要尊重每个学生的想法和观点，鼓励学生多角度思考问题，敢于质疑，提高学生发散思维能力；二是不能生搬硬套，设计具有情趣性、创造性、多元化的作业，使学生乐于做作业，在乐中做，在做中学，提高学生的创新能力。

二、作业布置式前置教学的方法与作用

（一）作业布置式前置教学的方法

采用作业布置式前置教学方式，可以克服传统作业的弊端，有助于学生拓展知识，锻炼自己的思维能力，为他们发散思维能力的提高打下坚实的基础，更有助于培养学生积极探究、通力合作的精神。作业布置要有针对性、创造性、趣味性，将教学内容与学生的现实生活紧密联系，激发学生的学习兴趣，从而提高学生的综合能力。唯有如此，作业布置式前置教学才能真正"物尽其用"，才能真正彰显出它的意义和价值。

1. 以生为本，教师指导

教师在设计前置性作业时，要以生为本，把课堂交给学生，给予学生更多的时间和空间，让他们尽情驰骋于知识海洋，提高学生自主学习的能力。学生可以按具体情况自主确定学习的内容、目标、方式、进度、广度和深度，从而使主体位置得到保证，并且更多地以个人创意将自己的思考个性化。这个思考可以是纯粹个人的看法，也可以是某一共同领域内由一群人集体讨论的问题。

2. 降低起点，因材施教

考虑到学生的实际情况和个别差异，降低前置性作业的难度，不能太宽泛，在考虑不同学生的学习能力和教学内容的重难点的基础上，设计不同层次的作业，让不同学习能力的学生做不同层次的作业，使每个学生都学有所得。

可以将作业分成优、中、低三个层次。层次优的作业侧重于学生发散思维和创新能力的培养和提高，层次中的作业侧重于学生对所学知识的运用和拓展，层次低的作业侧重于学生对基础知识的理解和积累。例如在《牛津小学英语》第六单元中，预习作业要求：（1）默读课文，画出文中所提节日的

名称和日期；（2）查阅相关资料，了解中西方国家的某些独特节日及其风俗；（3）选择你最喜欢的一个节日，对其进行简单描述。① 这样的前置性作业能使不同层次的学生都有所选择，从而尽自己所能完成任务，体味到学习的快乐，激发学习积极性。

3. 形式多样，增强趣味性

"知之者不如好之者，好之者不如乐之者"，浓厚的兴趣是学生快乐学习的第一步，是学生积极主动学习的前提。这就要求教师能够以学生已有的认知水平、思维和智力特点、生活经验为依据，设计出方式新颖、形式多样、充满趣味性的作业。

例如，在学习完"圆周率"后，教师布置学生上网收集有关数学家祖冲之的资料，让学生进一步感受我国作为一个文明古国和数学大国的历史，以此激发学生的学习兴趣。再如，学生学习了"数的整除"这单元后，教师用这单元的知识把某学生家的电话号码编成一道竞猜题。某学生的家庭电话号码为七位数，每个数字依次是：（ ）2和3的最小公倍数；（ ）5的最大约数；（ ）一位数中的最大合数；（ ）一位数的最大质数；（ ）8的最小倍数；（ ）既是偶数又是质数；（ ）最小的奇数；（ ）比所有自然数的公约数少1的数。学生根据这些条件，猜出了"65978210"这个号码。② 这样把作业寓于猜谜之中，让学生在乐中求知，学生自己动手，独立解决问题，品尝到学习成功的甜头，大大激发了学生的学习兴趣。

（二）作业布置式前置教学的作用

在众多作业设计中，作业布置式前置教学是一个成功的范例。它以预习课本为基础，对教学知识进行拓展，却又不等同于一般预习。它具有创造性

---

① 钟珏. 巧设前置性作业，构建生本高效课堂 [J]. 教育科研论坛，2013，(12)：53—54.
② 张文娟. 趣味化，多层化，多元化——兼谈新课标下小学数学作业的设计 [J]. 考试周刊，2013，(38)：85.

与趣味性，是教师为学生设计的导学作业，为教师的教学和学生的学习提供了很大的帮助。

1. 激发学生的学习兴趣

作业布置式前置教学在传统预习的基础上，从学生的实际水平出发，将教学目标、学习目标、重难点等与学生的现实生活紧密联系，体现出创造性和趣味性，激发学生的学习兴趣和好奇心，使学生对将要学的内容充满兴趣，提高了学习效率。

学生完成前置性作业后，充满成就感，从而对学习产生更大的兴趣。这也正如布鲁姆所说："学习中经常取得成功可能会导致更大的学习兴趣，并改善学生作为学习的自我概念。学校学习变得更具有吸引力，学生精神涣散的问题也更少。"可以说，作业布置式前置教学是学生对学习感兴趣的诱发剂。

2. 培养学生的自学能力

奥苏贝尔说，"影响学习的最主要的原因是学生已经知道了什么。"而作业布置式前置教学充分考虑不同层次学生的认知水平和学习能力，设计出具有低入性、开放性、指导性的前置性作业，让不同层次的学生都能够参与其中，给予学生更多自主学习的空间，有助于发挥学生的能动性，培养学生的自主学习能力，获得不同程度的发展。

3. 切合学生的学习需要

陶行知先生认为："好的教师不是教书，不是教学生，乃是教学生学。"教师是作业布置式前置教学的设计者，也是学生完成前置性作业的指导者和监督者。设计前置性作业，教师应对教材有深入的钻研和了解，根据学生的年龄特征、认知水平、自学能力、教材的难易程度，设计出适合学生自学的作业，真正做到"教学生学"，以提高学生自主学习能力。

4. 催化高效课堂的构建

学生在初步掌握课堂教学主要脉络的基础上，大都能积极主动地进行课堂讨论。在这种情境下，一般不会出现教师在上面讲得滔滔不绝，而学生在下面无精打采的现象。作业布置式前置教学使教师和学生各自扮演好自己的角色，即教师获得了"指导权"，学生落实了"自主权"；教师轻松愉快地教，学生有更多的时间和空间进行自主学习，富有积极性。可以说，作业布置式前置教学是构建高效课堂的催化剂。

第二节 作业布置式前置教学操作

一、作业布置式前置教学操作要求

作业布置式前置教学的操作要按照一定的程序和原则来进行，否则学生无法"先学"，教师无法"后教"，难以达到教学目标。

（一）量少而质精，难度宜适可而止

作业布置式前置教学的目的在于让学生在上课之前预习并在浅层次上了解将要学习的内容，促使学生在课堂上有目的地听课，提高学习效率。同时有助于教师更好地教学和了解学生的学习情况，提高教学效果。所以，教师在布置前置性作业时不能认为越多越好，大搞题海战术，面面俱到；不能觉得题目做多了，自然就会熟能生巧。殊不知，这样只会增加学生的学习负担和学习压力，导致学生对作业的接受程度不高，甚至处于被动状态，无法达到让学生自主学习的效果。因此，布置前置性作业应坚持量少而质精的原则，便于学生花较少时间获得较多的认识。

教师应遵循"难度宜适可而止"的原则。在实际操作中，没有经验的教师往往会步入两个极端：太难和太简单。如果是前者，学生不会作答，就会知难而退，渐渐地就会觉得在学习方面没有成就感，丧失学习的兴趣；如果是后者，学生轻而易举、不经思考就可完成，就不能提高学生的自主学习能力。教师在布置前置性作业时，应承认学生的个别差异，要考虑作业的难易程度。对于优等生可以布置有挑战性的作业，而对于后进生则要布置难度较低的作业，让学生在作业中都能找到适合自己的"座位"，增强成就感。

（二）开放有度，重针对性和趣味性

作业要有开放性，让学生选择自己喜欢的题目，有利于激发学习兴趣。但是，前置作业不能为了开放而"天马行空"，脱离教材。否则，将会给学生的预习和教师的教学带来困扰。作业要有针对性，根据学科特点、教学目标以及学生认知布置不同的作业，力求突出学习重点。作业要有多样性，可以有口头的、书面的，可以是动手的、实验的，满足学生的不同要求。

（三）及时检查和评价，提高自信心

布置完前置性作业后并非大功告成，作为一名教师，如果只布置作业而不检查批改，或者只是随便地应付，就会给学生造成敷衍的心理，认为教师对此都不重视，自己也没必要认真对待，只要把作业交上去了就行。教师要及时检查和评价学生的作业，这是激励学生热情学习的重要方式。

教师要尊重学生的劳动成果，对于做得比较好的学生要给予肯定和表扬，让他们知道自己的努力是有回报的；对于做得比较差或没有完成的学生不能恶语相向，以免学生对前置性作业产生畏惧和抵触心理，拒绝完成作业。教师要给予他们关心和引导，帮助他们找出问题所在，鼓励他们争取下次做好。

二、作业布置式前置教学操作过程

进行作业布置式前置教学，必须有一个明确清晰的操作过程。其中包括四个环节：准备环节、分工环节、实施环节和评价环节。有了明确清晰的操作，就保证了作业布置式前置教学的便捷、有效。

（一）准备环节

作业布置式前置教学的第一个环节是准备环节。教师要精通教材，把握教学内容，明确教学目标，让教学有章可循，清楚用力方向。而教师对教学目标的准确把握则是学生在课堂上有效交流的重要保证。如果教师脱离了教学目标，那么学生的学习就像失去了航向的帆船，在茫茫的海洋中漫无目的地打转，学生之间的交流就变得泛泛而谈，难以获得实质性的内容。

（二）分工环节

作业布置式前置教学的第二个环节是分工环节，主要是根据教学内容的难易程度和学生的知识水平、思维特点、自学能力，制定作业布置式前置教学的具体规划。将一些比较简单、学生个体可以独立完成的作业，让学生自主完成；而一些难度比较高、学生个体难以完成的作业，则可以通过小组合作完成。学生通过合作探究、思想交流、优势互补，可以获得更全面、更有深度的答案，加深对知识的理解和掌握。

对一些情境性比较强的教学内容，可以通过创设情境，让学生获得较为深刻的体验和感性的认知；也可以让学生通过表演的形式将教学内容搬上"荧幕"，例如，教学《开国大典》，可以让学生以导游的身份，对北京天安门广场进行讲解，让学生更好地把握学习重难点。更重要的是，前置性作业的形式要多样，听、说、读、写、看、演，如何运用，可根据学科特点和教学内容而定。

（三）实施环节

作业布置式前置教学的第三个环节是实施环节，它主要发生在教学之中。在课堂上，教师要给学生足够的时间和空间展示自己的学习成果，把课堂还给学生，让学生真正成为课堂的主人。当然，这并不意味着将教师的主导权交给学生，教师依然要发挥指导作用。对于学生无法解决的问题，教师要及时帮助；对于学生存在的缺点，教师要明确指出。

（四）评价环节

作业布置式前置教学的最后一个环节是评价环节。教师的评价是学习质量的保证，是学生进步的强化剂。当学生完成前置性作业后，在上课之前，教师应认真检查，从中了解学生对即将学习内容的掌握情况，并将其作为备课的基础材料。在评价时，可以采取组中评价、组际评价、自我评价、他人评价、教师评价等方式，让学生在评价的过程中认识自己的不足，学习他人的长处，最终提高自己的学习能力。

教师在评价时不应吝惜自己的赞美之词，对于完成前置性作业质量较高的学生，要给予适宜的表扬，激励其向更高层次迈进；而对于完成作业的质量较差的学生，则要给予宽容，帮助他们改正错误，并从中找出他们易犯错误的问题，鼓励他们克服困难，争取下次做好。

三、作业布置式前置教学操作意义

作业布置式前置教学的成功运用是构建有效课堂的关键因素。它充分体现了学生的主体地位，旨在引导学生在集体学习前发现问题、解决问题、掌握学习方法，激发学生的学习兴趣和内在潜质。更重要的是有助于学生发挥个性，敢于表达自己的见解和想法，培养学生自主学习的习惯和创新精神，锻炼学生思维品质。通过实施作业布置式前置教学，让每一位学生成为学习中真正意义的主人。

（一）充分体现教师的主导作用

作业布置式前置教学充分体现了教师的主导作用。在布置前置性作业前，要求教师要吃透教材，精确掌握教学内容的重难点，结合学生的知识水平和学习能力精心设计前置性作业。在实际操作中，则要把课堂还给学生，让学生充当主角，尽情发挥；而教师则发挥指导作用，引导学生解疑释难，从而真正体现"一切为了学生"的生本教育理念。

（二）引导学生养成自主学习的习惯

作业布置式前置教学的要点在于引导学生养成良好的自主学习的习惯，并使之成为学生学习动力的主要因素。教师要督促学生认真对待并积极完成每一项前置性作业，鼓励他们敢于发表自己的观点，要有不唯上、不唯书的质疑精神，并将这种精神坚持下来。

（三）为创建平等课堂提供有效的条件

教学要求不仅教师有备而教，而且学生有备而学，唯有如此，才能构建平等的教学关系，而作业布置式前置教学则能很好地解决这一问题。

作业布置式前置教学要求教师针对教学内容、教学目标，设计具趣味性、符合学生的实际水平和思维特点、贴近学生生活的前置性作业，以促使学生通过完成前置性作业，对学习内容有一个较为深入的了解。这是作业布置式前置教学的出发点，也是根本所在。

第三节　作业布置式前置教学课例分析

作业布置式前置教学旨在通过设计符合学生发展水平的前置性作业，让学生自主学习，从而充分发挥学生在课堂中的主体地位和教师的主导作用，贯彻"以生为本"的教育理念，促进教师的专业发展和学生的全面成长。在基础教育课程改革深入发展的今天，作业布置式前置教学受到越来越多教育工作者的重视，精彩的经典课例也日渐增多，使课堂焕发了新的生命活力。

一、经典课例

音乐家聂耳[①]

1. 这篇课文主要讲了什么?
2. 聂耳为什么会成为出色的音乐家?
3. 对于聂耳学习非常刻苦这一点,你想到了什么?(名言、成语、对联、故事、生活例子、诗歌名句)
4. 你还知道哪个音乐家、哪些名曲?
5. 你能找到一个音乐家的故事吗?简单讲一讲。
6. 你的理想是什么?说一说吧!如果在说的时候能够用上好词好句就更棒了!

说明:第1、2、3题,所有学生都必须以个人为主体完成;第4~6题为小组合作完成,由小组长根据组员情况及拥有的查找工具分派任务。第1~3题为课内前置作业;第4~6题为课外前置作业。

二、设计策略

《音乐家聂耳》是小学二年级语文中的一篇课文,其前置性作业的设计紧紧围绕教学目标,使学生能够在课前的预习中拥有很强的目标感,带着问题进行自主学习,教学效果明显。

(一)环节明晰,一目了然

作业布置式前置教学旨在引导学生自主学习,但并不是放任自流,它需要一份流程明晰且有效合理的前置性作业单让学生知道自己的行动指向,有

[①] 黄静. 生本理念下前置性作业设计的基本策略 [J]. 科学中国人,2014,(12):93. (编者略有改动)

目的地学习，如此才能使作业布置式前置教学达到预期的效果。这就要求教师对教学内容和课程标准进行深入研究和探讨，并在遵循学生的认知发展规律和知识逻辑顺序的基础上科学规划、精心设计前置性作业，最终设计出一份符合学生实际的明晰的前置性作业单，使学生一看便知道自己要做的是什么，应该怎么做。例如，上述课例不仅列出了学生要做的作业内容，还附上了说明栏目，如此便为学生指明了本课所要预习的基本内容和目标，提供了完成作业的每一个步骤和方法，使学生在完成这些任务后，能够基本理解并掌握本课的基本知识了。

需要强调的是，学生的学习能力参差不齐，即使再详细的前置性作业单也难免会有些学生不知道如何去完成，这时就要发挥教师的主导作用，给这些学生以适时、适度的指导。

（二）循序渐进，从易到难

从整体上看，上述课例的前置性作业设计体现了作业布置式前置教学低入性的原则。如某堂英语课的前置性作业，第一题是拼读新词和短语、专业术语，主要是为后续学习单词、课文和专业术语奠定基础；第二题则要求学生把自己认为难读难记的单词、难以理解的句子记录下来，这不仅可以帮助学生掌握学习难点和重点，提高学习效率，也可以帮助教师了解学生的学习情况，做出及时准确的反馈，帮助学生学习。而后逐渐将前置性作业的难度提高，让学生发表自己的看法和见解，从中锻炼学生发散性思维，提升学生解决问题、分析问题的能力，提高学生英语口语能力。这就达到了设计前置性作业的要求——循序渐进，从易到难，而这也是作业布置式前置教学对教师的基本要求。

（三）方式灵活，拓宽视野

教学实践证明，教师布置作业的方式越灵活，就越能给学生以新颖感，学生完成作业的热情就越高涨，完成作业的积极性也会越高。

因此，在作业布置式前置教学中，教师设计前置性作业时切忌方法单一、因循守旧、不知变通，只是简单地给学生出几道题目，或者让学生抄单词、背诵课文、做试卷等，长此以往只会导致学生对前置性作业的兴趣越来越低，甚至产生抵触情绪。前置性作业应讲究趣味性，激发学生的学习欲望，引导学生进行自主学习。然而，教师切勿追求多样性而设计华而不实的"花样作业"，而应根据教学目标和学生的实际情况而设计。更重要的是，教师在设计前置性作业时应把对教学内容的提升和知识的拓展作为重中之重，让学生通过查找资料来完成作业，使学生在课前能够获取除基础知识之外更有深度和广度的知识，拓宽视野。

三、 操作方法

（一）紧扣目标，有效操作

无论何种教学方式，制定教学目标都是教学的前提，是具体实施教学的重要环节，作业布置式前置教学也不例外。因此，教师在课前应针对每一节课的教学内容制定准确、具体、切合实际的教学目标，而且必须能够具体实施、可操作性强，切忌在目标的设置上面面俱到，切忌贪多，导致教师在有限的课堂时间里由于教学目标太多而漏讲或没有讲完知识点，降低了课堂教学效率。正如著名教育专家林华民所说："高效的课堂有一个共同特点，那就是一节课只解决一到两个主要问题。"只有作业布置式前置教学行之有效，才能为创建高效课堂提供良好的基础。

前置作业应有利于突出重点、突破难点，使学生在完成前置作业时能够预知和掌握下一节课的主要脉络，以便在上课时能够与教师进行互动，提高学习效果。

（二）小组合作，事半功倍

作业布置式前置教学要先考虑作业的难易程度，切忌一刀切，所有题目都让学生自己完成。对于一些比较简单易行的作业可以让学生自己独立完成，而对于有一定难度、学生难以独立完成的作业，则需要采取小组合作的方式。在小组合作中，学生通过分工合作探究学习、交流思想、掌握知识，可以有效提升合作能力、探究能力。例如，上述课例有些简单的作业要求以个人为主体完成的，而有些比较难的作业则要求以小组合作形式完成，就是很好的体现。

教师在建立合作小组时，首先要考虑学生的学习情况和知识水平，为合理的小组分工合作作好铺垫。其次，教师要鼓励学生在小组中要互相帮助，优等生要帮助学困生（在帮助的过程中不仅可以巩固自己的基础知识，还可以增进同学之间的友谊，达到两全其美的效果）。最后，教师要激励学生在小组中勇于发表自己的观点和看法，与他人分享自己的知识和经验。正如萧伯纳所说："如果你有一种思想，我有一种思想，彼此交换，我们每个人就有了两种思想，甚至多于两种思想。"

（三）提供自由空间，还学予生

作业布置式前置教学要给予学生更多自主选择的空间，使学生能够自由选择前置性作业的内容、方式和合作伙伴，让学生在完成前置性作业的过程中发展个性，提升自我。

在完成作业的内容上，教师应鼓励学生根据自己的兴趣爱好和已有的知识经验，自主选择一些作业内容，鼓励学生通过各种途径获得更多有益于自主学习和发展的课外知识，以加深对文本的理解；在完成作业的方式上，教师应鼓励学生根据自己的实际水平和作业的难易程度选择不同的方式，可以是学生独自完成，也可以是小组合作完成，也可以是师生互动完成；在合作伙伴上，教师应鼓励学生自行选择自己的搭档，组成临时的学习小组。这样，学生每次的合作伙伴可能都是不同的，更容易实现优势互补，从而有效发挥成员之间的潜力。总而言之，教师要给学生更多自主选择的空间，最大限度地突出学生的主体地位，培养主动参与的意识，真正做到先学后教，还学予生。

作业布置式前置教学的任务是为学生创造自主学习的舞台，让学生在这个舞台中充分发挥自己的主观能动性，积极主动地去探索、思考问题的答案，获取知识，从而改变学生被动学习、跟着教师走、死记硬背的学习状态，提高学生在课堂中的热情度和参与度。在课堂上，学生不再是机械接受，而是在教师的指导下，通过不断地发现问题、提出问题、解决问题来提升自己的综合能力。在这个过程中，有可能会出现令教师意想不到的状况或问题，这要求教师不断地充实知识，提升专业水平，以及时给予学生正确的指导，最终达到教学相长的目的。

第四节　作业布置式前置教学注意事项

一、应体现学科特点

作业布置式前置教学强调的是，在课内为学生提供自主学习的空间，培养自主学习能力；在课外引导学生进行拓展学习，开阔视野。所以，作业布置式前置教学并不适合每个科目，应考虑不同科目的结构及特点。比如《变式法设计作业的实践与探索》：[①]

在人教版高中数学必修 2 椭圆知识的教学中，学生知道化简 $\sqrt{(x+3)^2+y^2}+$

[①] 陈华安. 变式法设计作业的实践与探索 [J]. 数学教学研究，2012，(3)：35—41.（本文略有改动）

$\sqrt{(x-3)^2+y^2}=10$ 可得椭圆的标准方程为 $\dfrac{x^2}{25}+\dfrac{y^2}{16}=1$，要想学生真正掌握和运用这一公式，就不宜采用作业布置式前置教学，而应采用变式法设计教学。

根据上面所化简的设计变式作业为：

变式1：化简 $\sqrt{(x+5)^2+y^2}-\sqrt{(x-5)^2+y^2}=\pm 6$ 得＿＿＿＿。它的几何意义是什么？

变式2：化简 $\sqrt{(x+6)^2+y^2}-\sqrt{(x-6)^2+y^2}=\pm 8$ 得＿＿＿＿。它的几何意义是什么？

变式3：化简 $\sqrt{(x+10)^2+y^2}-\sqrt{(x-10)^2+y^2}=\pm 12$ 得＿＿＿＿。它的几何意义是什么？

变式4：化简 $\sqrt{(x+c)^2+y^2}-\sqrt{(x-c)^2+y^2}=\pm 2a$ 得＿＿＿＿。它的几何意义是什么？

在实际教学中，如果我们完全不考虑科目的特点，无论什么科目都一味地照搬作业布置式前置教学，过于夸大和重视它的优点，那么这跟长期以来教师照搬讲授式的"满堂灌"教学所带来的危害没有多少区别。况且，有些科目并不是只有作业布置式前置教学才是最合适的，有可能更合适其他教学方式。如果硬要采用作业布置式前置教学，则往往达不到理想的效果。是否要使用作业布置式前置教学，应视科目特点和具体的教学内容而定。

二、应与课前预习区别

作业布置式前置教学给予学生更多的学习时间、更大的学习空间，使学生对将要学的知识有了初步的了解和掌握，教师再在此基础上进行有针对性的教学，提高了教学效率，真正做到"以学定教"。

试比较下面两份作业:[1]

前置性作业一

《林中乐队》(北师大版四年级上册第九组)

1. 初读课文,说说这篇课文的主要内容。

2. 再读课文,想想森林乐队是一只什么样的乐队,林中的音乐都有哪些,这些音乐由哪些动物演奏的?

3. 读了课文,展开丰富的想象,你以为林中还有哪些动物的演奏?

前置性作业二

《古诗两首》(北师大版五年级上册第一组)

1. 通过自主学习《古诗两首》,我查找了两位诗人的相关资料,且将重点内容用便利贴积累到了书上。

2. 我还知道了课文中以下字的读音与含义。

3. 通过学习两首古诗,我想把对两首诗的理解写下来与同学分享,当然,我也想提出心中的疑惑与我的同学商议。

4. 反复品读了两首古诗,我发现两首诗都写了马。但仔细比较却发现两首诗又有所不同,我要把我的发现写下来。

5. 我还收集了一首关于马的诗,我要把它工整地抄下来与我的同学分享。

在这两份作业中,第一份前置性作业的设计,教师没有注意到学生的知识层次和实际水平的差异,学生在完成作业的过程中可能就已经丧失了新鲜感。第一题,学生通过读书、提炼、概括写出文章的主要内容,需学生动脑思考,题目具有一定的难度。但第二和第三题,表面看与第一题有区别,但

---

[1] 梁乾胤. 关于"生本教育"实践的几点思考——以小学语文前置性作业设计为例[J]. 中国校外教育,2013,(3):14-15.

只是第一题的细化与补充，反而降低了作业的难度，作业缺乏层次性。第二份前置性作业则做到了从学生的实际情况、个别差异出发，按优、中、弱三个层次来精心设计，第一、二、三小题是基础题，人人可完成；第四题则重视分析问题、重视提升能力，学生视自己的能力能完成多少就完成多少，通过课堂讨论和交流还可以弥补；第五题重在让学生拓宽知识面，学生广读书便可大显身手。

作业布置式前置教学与课前预习最大的不同在于，它注重指导学生结合自己的认知水平和学习能力深入思考问题，提高学生学习的能动性和积极性，从而建构有效课堂。前置性作业的设计应遵循"低入性"原则，从易到难、由简单到复杂、少而精，符合不同学生的不同层次。作业布置式前置教学打破了传统课前预习中"一刀切"的做法，使每位学生都能够参与到学习中，提高了学生学习的信心。

三、应是生本教育的一部分

"个人先学、小组交流、全班交流、教师点拨"被称为生本教育的四个流程。[①] 作业布置式前置教学虽是生本教育的一种方式，但不能贯穿整个课堂，它只是生本教育的一部分。换一句话说，只有在合适的时候，才采取作业布置式前置教学法，否则适得其反。

比如，如果设计过多过难的前置性作业，学生虽在解答过程中获得一些知识，但也只是对新知识有初步了解和掌握而已，还有很多有待解决的难题或困惑。而要想深入学习，就少不了教师的帮助和指导，这需要发挥教师的主导作用。

作业布置式前置教学有利于学生自主学习，但并不意味着它是教学的全部。如果缺少教师的"传道授业解惑"，学生学到的只是浅层的知识，将导致

---

① 孙雪芹. 浅谈前置性作业的设计 [J]. 新课程（中旬），2013，(11)：72—73.

教学效果不明显，也违背了教学的初衷。可以说，作业布置式前置教学只是生本教育中的一部分，而不是全部，认识了这点，才不迷失教学方向。

第六章　集思广益：活动参与式前置教学

第一节　活动参与式前置教学概述

一、活动参与式前置教学的内涵与原则

教学活动是师生积极参与、交往互动、共同发展的过程。有效的教学活动是学生学与教师教的统一。"以学定教"——以前置性学习的方式实现，顺应学生认知发展的规律展开教学，可以实现不同层次学生的最大发展。其中，活动参与式前置教学是教师教的形式之一，有别于传统教学的教，使教学更具科学性和趣味性。

（一）活动参与式前置教学的内涵

活动参与式前置教学，指的是通过参与活动的形式，学生在教师引导下，提前参与学习活动，积极调动自身主动参与的愿望，在思想、行动等方面积极、主动、愉悦地参与学习，使不同层次的学生都能获得发展的机会，以促进个体发展需要。活动参与式前置教学把原先教师教学后学生才学习、才练

习的内容提前到教师教学之前，通过趣味活动让学生先自主学习。它有别于传统教学方式，打破了上课才是学习的开始、上课先听教师讲解的惯有模式。

现今许多教学方式致力解决的是教师"怎么教"的问题，而活动前置式教学重点解决的是"教什么"的问题。它意在解决传统教学活动中的两个不足：一是改变学生被动上课的现状，把课堂还给学生，让他们学有准备、思有前提；二是通过活动参与的预习反馈，教师能更加准确地把握教什么，更快更准地把握教学的重点、难点，达到学在教前、教在学中的目的。

（二）活动参与式前置教学的原则

活动参与式前置教学，体现了情境性原则、参与性原则、社会性原则、主动性原则。它能符合学生先感性积累后理性认识的认知发展规律，符合新课程标准提倡的平等互动、自主探究的教学理念，有利于激发学生学习的兴趣、培养信心以及学习品质等非智力因素的提高，让学生学会学习、主动学习，并在学习中体验自我发现和解决问题的乐趣。

1. 情境性原则

情境性原则是活动参与式前置教学必须遵循的一个原则。学习应是一个生动活泼的、主动的和富有个性的过程，除接受学习，合作学习、自主学习、探究学习等也是重要的方式。积累必要的活动经验，有利于实现过程性目标和结果性目标的共融发展。

首先，根据不同层次学生的学情分析，给予前置的学习活动是在一定的情境中发生的，在与现实世界类似的情境中进行，以解决现实生活中的真实问题为目标。因此，教师设计的活动任务应考虑真实性，不能对其作过于简单化的处理。其次，让学生通过自己的探究得出结论，培养学生搜集资料的能力、元认知监控能力和在真实背景中的推理能力。同时，为学生提供一个多角度的探究环境，使学生通过探究形成对知识的理解而不是机械地接受。

2. 参与性原则

活动参与式前置教学旨在利用有趣、贴近生活的活动，使学生提前参与学习。参与性原则是指在学习过程中不是少数学生的参与，而是全体学生的参与；不只是对个别环节的参与，而是对整个学习过程的参与；不只是动作的外显行为参与，而是动作、思维、情感的全部参与。

学生参与越多越积极，主体地位的体验越强烈，其主体意识就越能得到增强，从而就越能进一步提高其参与的积极性和自觉性。

3. 社会性原则

学生是发展中的人，是完整的人，是社会的重要一员。活动参与式前置教学注重活动的社会交往性。学生进行探究活动期间，适当采用小组学习或其他的协作学习方式，通过讨论、协商、合作等方式使学生接触各种不同的观点，通过分析、判断、归纳达到对知识的全面理解，同时增强学生之间的理解和交流，改善学生之间的社会关系。

在活动合作小组中，教师让学生有机组成探究团体，他们在其中进行讨论和解释，从而形成共享的、更深刻的理解，有利于知识的广泛迁移。而且在小组讨论中，学生不断反思自己的思考过程，对各种观念加以重组，有利于自己建构能力的发展。整体而言，生生、师生之间的交流，有利于学生对知识意义的建构。

4. 主动性原则

本质属性上，学生具有主观能动性，具有创造价值，具有发展的潜在可能。这就要求教师设计趣味性的活动，使学生主动提前参与到活动中。活动中，学生是信息加工的主体，是知识意义的主动建构者，因此，基于活动参与式教学中各要素的设计，要以激发学生的学习动机、增强学生的学习责任感为核心，从而发挥学生的主观能动性，促进学生对知识意义的主动建构。

教师设计的活动根据教材内容、课程目标可采取多种方式：书面、口头、绘画、表演、多媒体等，让学生在完成活动预习时兴趣盎然，乐于思考，从中找到学习的乐趣，拥有想往下学习的冲动。同时在课堂上调动学生的积极性，学生思维就会更加活跃、广阔，反应更加灵敏，更加容易掌握知识的规律，能够举一反三、触类旁通，从而使学生热爱学习，主动学习。

二、活动参与式前置教学的方法与作用

（一）活动参与式前置教学的方法

1. 先学后教，学生主体

相关研究显示，大多数学习困难的学生主要表现在：一是有不良的学习习惯；二是缺乏正确的学习方法。这些学生课前没有预习教材，对所学知识生疏；课堂上以听讲为主，笔记少；课后对所学知识没有及时巩固，也很少去整理所学的内容。因此，活动参与式前置教学设计的利用是一堂课成功的开端，是上好一堂课的重要环节。向学生讲授新课内容之前，先让学生根据自己的知识水平和生活经验进行尝试性学习，让学生在参与活动中摸索、理解，通过先做后学，对新知识产生初步感受和建立浅层理解，针对性地了解自身的学习弱点，真正发挥主体作用，对自己的学习负责。

2. 教有选择，教师主导

苏霍姆林斯基说："在优秀教师那里，学生学习的一个突出特点，就是他们对学习的对象采取研究的态度。教师并不把现成的结论、对某一定理的正确性的证明告诉学生。"在活动参与式前置教学过程中，教师应把传授知识的过程转变为学生自主前置的过程，这就要求教师把学习的自主权还给学生，放手让学生去探究、去发现，寻找解决问题的思路与方法；并引导学生利用学习资源主动、积极地参与学习。总之，教师应为学生的前置活动提供各种条件，做好"导航"工作。

教师在组织学习活动时，对于学习基础不同的学生应有不同的要求。选择符合学生年龄认知水平的真实学习背景，让学生多参与小组式的合作学习，

共同进行问题解决或实施小组项目。教师可以选择性地采取层次教学和个别化教学手段，为不同层次的学生安排不同程度的参与内容。同时，在学习过程中鼓励、指引不同层次的学生，选择、把握切合自己实际的参与机会。再者，教师要帮助不同层次的学生树立参与的信心和培养参与的习惯。一般而言，学习能力较强的学生往往具有较强的学习自主性，参与学习活动的信心和主动性都比较强，而学习能力较弱的学生则不然，他们往往认为自己能力弱而对参与学习活动信心不足，教师应当针对这些不同层次学生的特点，为他们提供适当的学习内容，让他们在成功中树立信心，并逐步培养良好的参与习惯。此外，可以将学习过程的评价纳入教学评价体系，促进学生不断反思并积极地参与学习。

3. 学有反馈，训练贯穿

教师可以通过活动参与式前置教学，获得学生的预习反馈、当堂反馈，再据以归纳巩固。但目前，一些学生主要通过课堂训练获得知识与方法，用套例题的方式做题，而面对灵活变化的问题则束手无策。有的教师在指导学生学习的过程中，只是泛泛地提出预习要求，而对学习行为没有具体指导，对学习过程也缺少监督。为了改变这一现状，可运用活动参与式前置教学方式，改变学生的学习行为，强化教师在培养学生学习能力中的主导作用。

例如，语文教学中教孩子如何阅读，教师应先教给学生学习方法，并反复训练，不断引导、激励，帮助学生通过阅读走进文本中的生活世界，体味读书的乐趣，而后不断内化，形成习惯，在课余进行自主学习、探究学习。

（二）活动参与式前置教学的作用

1. 节约教学时间

从课堂教学效果来看，科学、趣味性的活动参与前置性教学设计能提高课堂效率，节约时间。教师能够较快地启动教学，使学生迅速进入学习状态，引导学生独立思考，实现掌握知识与发展能力相统一，使趣味性的活动成为学生提前熟悉学习内容和对知识结构进行热身的桥梁，成为掌握学科知识体系和学科学习方式的载体。同时，教师妥当地安排好教学时间，不再是枯燥地满堂灌。

2. 优化课堂结构

活动参与式前置教学是一种以学生为中心，在民主、和谐、自由、轻松的学习环境中，鼓励学生积极参与教学活动，加强教师与学生之间信息交流和反馈的合作式教学方式。设计活动参与式前置性教学活动能够结合课堂交互性、共享性、协作性、自主性等特性，使课堂的结构得到优化组合，最后使更多学生学会、学好。

从学生的学习状态来看，首先，有效的活动参与式前置教学能够引发学生思考的欲望，使学生愿意参与学习，愿意与同学开展交流、讨论、合作等，并且提供更多的自学、自问、自做、自练的机会，让学生真正成为学习的主人，提高学习兴趣。其次，能使学生清晰明了地知晓教学环节与结构，不再是被教师牵着鼻子走地学习。

3. 软化知识内容

美国的教育学家 J. M. 索里说："现代教育的重点在于指导活动和采用活动型的教学程序。这种学习类型比正规课堂的学习类型更合理，这主要是因为经由活动而学习比正规课堂情境下的学习更有意义，而且更易于迁移到新情境中去。"活动参与式前置教学设计，可以激发学生的学习兴趣，调动学生学习的情感。兴趣是参与的基础，情感是参与的动力，如果学生在参与过程中，没有兴趣的支配，没有情感的投入，就只是一种被动的参与。

从所学知识的核心价值来看，学生成为信息加工的主体，是意义的主动建构者，而不是外部刺激的被动接受者和被灌输的对象。创设符合教学内容要求的活动情境，提前把新旧知识进行联系，可以帮助学生建构知识的网络——不再是繁多、零碎的知识在脑海里浮现，而是将知识系统化、条理化。

4. 强化思维能力

著名教育家陶行知说："你如果想要儿童变成顺从并守教条的人，你就会采取压服的教育方法；而如果你让他能独立地、批判地思考并有想象力，你就应该采取能够加强这些智慧品质的方法。活教育教人变活，死教育教人变死。"教师应在尽可能的条件下尝试活动参与式前置教学，对学生学习进行引导，使之朝着有利于知识意义建构的方向发展。同时要创设全身心参与的环境，教会学生如何从活动中提前熟悉学习内容，落实好教材在学习中的课程资源地位。通过方法指导，让学生知道如何学会学习，养成自主学习的习惯，提高自主学习能力。

第二节 活动参与式前置教学操作

一、活动参与式前置教学操作要求

（一）预设性

预设性原则是指教师在活动构建时，要有一定的计划性。教师要先把教学内容进行优化划分，使每一个教学内容连为一体，一环扣一环。然后，根据教学内容精心设计以有趣的活动为形式的教案。它能体现教师的意图、指向与要求。这需要教师预先对海量信息进行整合与筛选，拟写出符合学生认知水平和教学目标的内容；设计前置教学的活动导航，提供学生预先投入学习的平台，保证学生在已有的知识资源中建构知识去解决活动中所遇到的问题。

预设性原则使教师的教学操作具有前卫性和导向性。有计划地根据教学目标、学生的心理特征等设计情境性活动，使教学活动有序进行。提前预设活动，也使教师有充足的时间在不断的试行中修改、发展、完善。

（二）开放性

活动参与式前置教学的活动要面向所有学生开放，满足不同层次的学生。开放性便于学生不同思想的交流和多元文化的传播，使学生更好地参与其中，满足不同学生的学习需求和个性展现。在展示成果中，学生的答案也是开放式的，并无固定标准。在开放的教学环境中，开放式活动能让学生提前进入学习状态，有利于学生多样思维的发展，从而激发学生的学习兴趣。

具体而言，设置即兴讨论、成果展示等环节，学生可以分享自己的观点，提出问题并参与各种问题的讨论，在此基础上与不同的学习伙伴交流、协商，学习个体之间进行思维碰撞，摩擦出智慧的火花。

（三）生成性

在动态的课堂中，教学内容不断变化，具有不可预知性。学习环境、学习过程也总是充满着无法预知的一些意义和价值。生成性是在学习活动中，学生创造和各种价值意义生成的过程，是学生知识、技能、情感、态度由量到质的变化过程。生成性体现了活动参与式前置教学的现实性和动态发展性。

生成性原则要求，活动参与式前置教学强调活动创设真实情境。不同课程有不断变化的活动，更易于刺激学生在动态中发展，有利于其生命活力的呈现。贴近生活、紧扣教学内容的活动不仅引导着学生提早投入课堂，而且潜移默化地影响着学生的个性与成长。

二、活动参与式前置教学操作过程

（一）课前准备，养精蓄锐

实施活动参与式前置教学前，需要做好两项工作，一是根据教学内容精心设计以有趣的活动为开端的教学提纲，二是对学生进行合理的分组。

1. 设计流程，步步为营

把教学内容进行优化划分，使每一个教学内容连为一体，一环扣一环。然后，根据教学内容精心设计教学流程，有条件且在适当时候，引导学生利用图书馆、网络等收集与专题有关的教学内容，为学生参与正式活动做好前期准备。

设计教学流程必须注意：第一，紧密联系教学、生活实际，采取两者融为一体的开设模式。第二，明确前置性教学目标，通过生生交流，师生交流，互相补充，明确每节课的学习目标。第三，活动设计要具有时代性，要把现代教学论研究的最新成果纳入其中。第四，活动设计要有针对性，以"精、简、管用"的原则对教材内容进行整合，力求符合学生在知识、技能、情感、态度、价值观等方面的发展。例如：在小学课文教学中，要注重学生对整篇课文的感知（理解能力）、字词掌握（技能训练）、"我"想说（情感态度）等方面训练，让学生自主探究，既为课堂教学扫除障碍、提高效率，又能提高学生的解题能力，增强学生的自信心。第五，活动设计还要有整体性，自成体系。

2. 分组合作，探究学习

活动参与式前置教学适合采用小组学习。在学生参与活动伊始，教师应分析学情，比如对学生的自身能力、学习风格、学生心理特征进行分析；对小组人数结合班级人数的特点做出适当调整，每组人数不要太多，一般 4~6 人为宜，而且组员间要分配不同层次的学生，进行异质分组，在锻炼合作的同时有更多的思想碰撞，这样，才能在讨论的有效性和参与性方面达到最佳效果。

探究学习包括自主探究和小组协作。学生在小组中担任某个角色，并承担一定的任务。学生在教师的引导下进行自主探究和协作学习，参与前置活动。在活动探究过程中，学生自主选择合适的学习方法，积极主动参与学习过程，然后再进行小组成员之间的平等交流，建立和谐关系。教师在这个过程中担任指导者、组织者的角色，并利用接下来的成果展示对学生进行监督管理。

(二) 课堂反馈，深入浅出

参与前置活动后，通过学生成果展示、课堂即兴讨论的环节，来获得课堂反馈，然后教师进行及时评价，以充分发挥学生的主体性，点燃学生智慧的火花。

1. 成果展示

学生把自己在参与活动中所遇到的问题，于自主探究及小组协作后，依靠集体力量得以解决或寻求解决问题的捷径。在这过程还有不能解决的问题，展示给大家，通过大集体智慧，获得新知。课堂上，同学们可以自愿结对，互助互学。对学生的学习成果进行展示、共享和交流，展示的方式可以丰富多彩，比如学习记录、成果图像视频、成果汇报、艺术创作等，脑、眼、耳、口、手并用，思维活跃，方法灵活。小组成员对学习成果进行总结归纳，接受教师的指导，拓宽学生的视野。课堂教学反馈这一环节中，发挥教学民主，使学生既能克服了困难、解决了问题，又提高了能力。

展示成果时，教师既要提醒学生注意发言的顺序和规则，也要及时穿插评价，巩固知识。有了充分的课前学习，又有了合作交流的机会，所有学生都跃跃欲试，争先恐后展示自己。这时，教师要注意发言的顺序性，一般由合作小组的小组长先罗列小组交流中出现的问题（小组长的人选不是一成不变的，可轮流担任），然后共同解决。教师是课堂的组织者、引导者，在学生点评不到位、不能解决问题时，及时给予启发与更正。需要注意的是，教师要特别关注"弱势群体"——学习困难生，让他们说、谈、演、写，检查他们是否落实了"三维目标"，不能让一个弱者掉队。与此同时，教师可穿插上课的内容，进行联系并且巩固及回顾，让学生对学习内容有更深入的理解。

2. 即兴讨论

在展示成果的过程中，学生难免会有难懂、解决不了的问题，这时，教师不应马上给予现成的解决方式,而应把问题交给学生进一步讨论。前置性教学倡导的理念是相信学生,放手发动学生,给学生一个机会。这种理念如同陶行知先生所说:"活的教育要有活的教育方法。"学生是有主见的活生生的人,教师要从学生的个性发展着眼,点燃学生智慧的火花。留时间给他们分组讨论,讨论能够形成思想碰撞,加深学生对所学内容的认识,辨明是非或获得新的结论,能够激发学生对讨论的问题进行积极思考,提高学生的思维能力和智力。教师在讨论过程中要参与其中,把握时机,适时点拨鼓励,激发学生发散思维。在讨论结束后,对讨论过程进行评价,引导学生归纳、反思、总结,提高他们的思辨能力。

3. 评价反思

活动参与式前置教学一般采用过程性评价,注重学生的反馈效果。课堂上就学生对知识的理解,进行正确的指导。针对学生对问题的认识,进行方向引导及肯定或否定的评价,且进行多样性的评价。适当加强与学生的课外交流及评价,比如建立QQ群、邮箱,提前将所要学习的专题内容发往这些公共空间,让学生提前查资料。还可以与学生通过QQ或邮箱等进行交流;更可以让每个学生建立自己的博客,将平时自己的学习感受以日志的形式发表于网络,然后翻阅他们的反思日志,了解他们独特的想法,并选取有代表性的内容在课堂上讨论。

通过多种手段评价学生的学习状况,使学生不断提高自己的学习热情。根据教学目标,学生对自己的学习过程、学习结果等进行评价,接受教师、合作者的评价,并进行总结反思。同时,教师要进行反思,反思自己对学生的评价,包括评价的内容和方式,需要改进和提高之处。

(三)课后反馈,事半功倍

通过精炼的达标检测练习,促进学生在过程与方法,知识与能力,情感、态度与价值观等方面的发展。也即教师根据教学内容,设计重难点的检测内容，对学生这一课堂的学习情况进行检测。对学生而言，能了解自己掌握知识的情况，便于自己制定后面的学习目标；对教师而言，能够了解本课的教学目标的达成情况，为以后的教学策略选择提供依据。

在达标检测中，教师要注意检测结果的及时性。鼓励学生课后互学共进，在互动中品尝成功的喜悦，让学生快乐地学习。减轻学生的学业负担，课后不留过多的书面作业。但是由于学生学习基础不同，以及认知程度不同，便造成学生学业的不均衡发展。所以，鼓励学生课后互助，对学习中出现的似是而非的内容进行辨别，以求真知。

三、活动参与式前置教学操作意义

(一) 消除不良情绪，打造主体学生

1. 为学生提供更多的学习和展示的机会

大班上课，人数较多，这是一种一时难以改变的现状。要使每一位学生都主动参与教学，有趣的设计是很必要的。活动参与式前置教学会考虑不同层次学生的水平，如在"分组合作、探究学习"或"快乐的成果展示"中，学生能互帮互学，拉升提高。

小组教学使学生有了向同伴展示自我、发表自己见解的机会。通过小组活动，学生有足够的时间操练所学的知识技能，能充分发挥想象力，巧妙地提出解决问题的方法，有些甚至是教师都未曾想到的。在展示成果中，每个成员轮流展示自己的风采，大大弥补了大班上课的缺点。

2. 让每一个学生合理发展自己的个性

每一个学生都有自己独特的天赋，都有自己身上的闪光点。与此同时，每个人的个性差异是客观存在的。比如：有部分学生，因个性内向、不善于表达或者学习基础较差，产生自卑心理，不敢主动发表自己的观点，只有等教师点到他们的名字时才被迫开口。这一现象在活动参与式前置教学中有改观，每一个学生都有爱玩的天性，在有趣活动的吸引下，他们会乐于参与其中，那些平日不敢在全班面前发言的学生在小组交流中很放松，勇于表达自己的意见，也愿意与其他同伴交流。慢慢地，学习成绩较为落后的学生不断进步，自信心逐渐增强，最终敢于在全班面前大胆地展示自我，开始体验成功的喜悦。这样每个学生的个性得到了尊重和发扬。

3. 有利于培养学生间团结合作精神

"一个篱笆三个桩，一个好汉三个帮。"学习活动的发展需要合作。培养相互合作的能力是教师义不容辞的一项职责。活动参与式前置教学促使学生除了自主学习，还在合作学习间有信息的交流，成果的分享，责任的分担。

小组就是一个小集体，教师对小组进行整体评价。教学目标是组内每一位成员都应掌握的内容，组内成员都有责任保证每位成员共同进步。因此，每位成员为了达成共同目标，不能让任何一个人掉队；同伴之间以团结协作、取长补短的方式进行学习，共同进步。

（二）打破传统教学，构建精彩课堂

1. 教学效果优于预习

传统的预习内容是教科书，活动参与式前置教学则是参与和所学内容有关联的活动。如学习一篇课文，教师设计一个有趣的活动，内容有利于理解课文。或许未能提前解决生词，但学生的视野得到延伸，了解文章背景及相关资料，更有利于教师课堂的开展。再者，传统的预习一般目标不明，学生得过且过，最后事倍功半也就在所难免。活动参与式前置教学则是在目标指导下的自主学习，方向明确，学习的重点难点一目了然，自主学习的效果也会大大提高。布置前置性活动时，提前让学生有所了解，让他们有充分的时间自学准备。学生有目标在手，有同学互相帮助、互相督促，就可以根据各种学习目标随时提前学习，不打无准备之仗。

2. 凸显学生学习的主体性，以学定教

活动参与式前置教学是以学生为主体，促进自主学习的一个尝试。教师提出活动要求，让学生运用已有知识解决力所能及的问题。学生掌握学习的主动权，做学习的主人，体现了学习的独立性、自主性。学生既能自主学习、自我探究，又可以在小组内相互学习、相互促进，从中获得持久的学习动力。

3. 充分激活教学资源，构建精彩课堂

教师若采用活动参与式前置教学，就要对教学内容进行优化划分，使教学更有逻辑性，利于学生的理解。在活动参与式前置教学中，除了教材本身，还可以学习与教材有关的其他内容，并将这些内容进行整合，构成新的学习内容。设计的活动尽量让学生有机会接触更多的与主题有关的内容，不要局限于教材，要充分利用课外资源，达成教学目标。

（三）剔除陈旧观念，更新教师观念

1. 更新教师观念

在教学过程中，有的教师讲得太多，学生只是在听在记；学生不明白的地方，教师可能没时间，不讲，或时间不够，讲不透。久而久之，教师不推动，学生就不走。教师苦教，学生苦学，教师越教，学生越不爱学。

活动参与式前置教学使教师不再满堂灌，不再是教学中的权威，他们给学生提供学法指导，让学生在提前预习时，不再局限于课本的字字句句，而是通过有趣的活动形式，突出他们的主体地位。学生可以通过参与活动各抒己见、畅所欲言，师生之间分享彼此的经验，在情感上获得共鸣。

2. 转变教师角色定位

在活动参与式前置教学中，教师由主导者变为引导者，由阐述者变为建设者。在这过程中，教师对学生在自学中出现的疑问进行引导，适当点拨，甚至讲解及评价。培养学生自主学习，就是把学生看作学习的主人，改变教师角色、改变教学方式，为学生创造学习情境，提供预习资源，更好地促进学生进行学习，真正落实学生的主体地位。

第三节　活动参与式前置教学课例分析

一、经典案例

小松鼠找花生[①]

教师出示"找、种、许、格、外、艳、语"等几个生字，请会读的学生上讲台当小老师。请这些同学带全班同学读生字，或请个别学生考一考同学会认哪个生字。教师让学生把自己课前编好的谜语说出来，或做动作请同学猜字。学生们的想象力异常丰富，做的动作引人发笑。

学生李：我请大家看我的动作，猜一个字。他把笔盒里的东西倒在桌子上，接着在这堆东西里面乱翻，最后拿起一个小橡皮给大家看。

学生刘：橡皮。

学生杜：翻。

学生黄：找东西的找。

学生林：我也请大家猜一个字。（做锄地状）

学生刘：种地的"种"。

学生出的谜语五花八门，引得台下的同学乐不可支。为了节省时间，黄新梅老师提示学生看着黑板上的生字来猜字谜，学生很快就把谜底猜出来了。有的学生用自己喜欢的生字组词、说一句话。有的学生用"语"字一口气组了七八个词语，并用其中的一个词说一句话，在场的学生都情不自禁地鼓起掌来。因为经历了课前自学，所以课堂上一个个都滔滔不绝地发言。在教学中，黄新梅老师设计不同的学习方法和教学方法，让学生在课前先学，在课

[①] 黄新梅. 识字前置性教学 [J]. 广东教育，2009，(4)：28.（编者略有改动）

中交流。因为学生在课前有了充分的准备，在课中交流时就显得底气十足，个个都乐于表现，课堂学习气氛浓厚。学生在玩中学习，在学习中进步。第一次前置性教学试验，就让学生充满朝气，也让黄新梅老师尝到了成功的喜悦。

　　一年级的学生自制能力比较差，往往凭自己的兴趣去学习。如果学生只是被动识字，这样识字的效率不仅低，而且会在一定程度上束缚学生思维的发展。如果教师不注意激发和引导，学生学习的兴趣和热情就会骤然下降，很容易走入"硬读死记"的死胡同里，以至事倍功半。在以往的教学中，黄新梅老师经常在第一课时或第二课时出示全部生字，让学生说出生字的部首、结构、用什么方法记生字等。刚开始学生的积极性很高，争先恐后地举手发言。有的说：我知道哪些字是什么结构；有的说：我知道哪些字是平、翘舌音和前、后鼻音；有的说：我知道哪些字是多音字等等。但是时间长了，感兴趣的学生越来越少了，课堂也就成了少数学生展示的舞台。为了改变这种现状，黄新梅老师决定改变教学方法。刚好学校进行前置性学习课题研究，于是黄新梅老师把课题研究和课堂教学结合起来，让学生在家里学会生字，并会用一些自己喜欢的生字来一字组多词，或者用自己喜欢的生字组词后再说一句话，或给"生字宝宝"编谜语等。这一教学方式，取得了很好的成效。

二、 设计策略

(一) 教学方式紧扣教学目标

　　黄新梅老师摒弃了以往将生字"浇注"给学生的教学方式，转而通过有趣的猜谜语活动教学生识字用字。黄新梅老师提示学生看着黑板上的生字来猜字谜，意在强调活动不能偏离教学目标，要有序地参与其中。可以说，一堂课的成功与否，与教师和学生共同完成的前置性活动的质量有直接关系。

（二）活动内容针对学生学习

首先，设计的角色体现主体性，让学生担任"小老师"，利用自己的理解自编谜语；其次，设计的活动要符合学生的心理，切合他们的生活实际；再者，活动设计具有针对性，以"精、简、管用"的原则对教学内容进行整合，以促进学生在知识、技能、情感、态度、价值观等方面的发展。黄新梅老师要求学生课前自编谜语，通过自己的思考去加深理解生字词。这样既为教学扫除障碍、提高效率，又能提高学生的解题能力，增强学生的自信心。

（三）活动形式尊重学生主体

黄新梅老师不再建立"授—受"关系，并没有像以往那样教生字词，以免降低学生的学习兴趣，增加心理负担。她打破逐字分析生字词的教学条框，尊重学生的主体地位，充分发挥学生的主观能动性。根据学生的认知年龄水平和学习语言的规律，对活动进行科学设计。在这样的教学活动中，学生主动参与学习，综合能力得到明显的发展。

三、操作方法

（一）课前

教师需要提前设计活动性方案，这不仅是学生主动学习的方向标，而且是学生赖以实现自学目标的关键，更让教师不乱阵脚。可以说，一堂课的成功与否，与教学流程设置的好坏有直接关系。黄新梅老师设计学生自编谜语的有趣活动，让学生自主学习生字词，利用有趣且科学的活动去激发学生的积极性。此外，有的活动需要小组合作，这就应进行异质分组，力求共同进步。

(二) 课中

指导学生运用已有知识解决力所能及的问题，并进行及时性评价。对学生在活动过程中出现的问题，应给予适当点拨，以期达成教学目标。与此同时，可以进行即兴讨论，让学生真正领会其中的实质，不仅知其然，而且知其所以然。

(三) 课后

根据教学目标，教师课后应进行反思，反思引导的得与失，评价的正与误，如何改进，如何提高，为往后的教学活动奠定基础。无论如何，教师应允许学生有自己的看法和见解，尊重学生的主体性，充分发挥学生的主观能动性。

第四节 活动参与式前置教学注意事项

教育的根本目的是促进人的发展，活动参与式前置教学以学生的发展为宗旨，让每一个学生都能在群体中找到自己的位置同时得到发展。这种教学方式可以培养出具有健全人格、综合素质强的创新型人才。

活动参与式前置教学要求教师改变传统的教育思想、教学内容和方法，切实减轻学生的课业负担；利用有趣、科学的活动使学生成为学习的主人并快乐积极地投入到学习活动中去。

一、内容要明了

活动参与式前置教学要求学生不只是提前阅读教科书，如果只局限于书本，就会导致前置性教学无法实施。活动参与式前置教学要求教师根据教学目标、教学内容，设计贴近生活的有趣且科学的活动，可以是阅读性内容、积累性内容、生活性内容等。

但是，前置性活动不能过于复杂，特别是初始阶段，一定要简要明了、清晰明确，以便学生快速地投入其中。活动如果复杂，将让学生无从着手。学生要么走马观花，要么束手无策，都难以深入，教学效益也自然谈不上。

二、设计要灵活

一个班的学生的学习能力和学习水平往往参差不齐，不同层次的学生，学习的速度不尽相同。设计活动一定要富有弹性，比如时间和要求不要过于苛刻，以免有违轻松学习的初衷。活动参与式前置教学重在教给学生学习的方法，培养学生自主学习的习惯。或者，教师设计活动可分为必做和选做两部分，这样既有统一，又有开放，给了学生自由选择的机会，学生学起来会更主动。

三、指导要适时

活动参与式前置教学旨在培养学生自主解决问题的能力，锤炼思维的过程。所以在指导层面，教师应该采用先扶后放、循序渐进的原则，让学生有章可循，有的放矢。实施伊始，可能有的学生不知道自己该干什么、怎么干，这时，教师就应及时引导，使学生首先理解，然后掌握。

有的学生缺乏独立思考的能力，在困难面前止步不前。这时，教师应该给予他们提供更多的解决渠道：询问长辈，阅读书刊，上网查询……有教师的指导，有同学的帮助；有独立探究，有互助合作，学生将取得学习实效。

四、学生要尊重

每一个学生都渴望得到老师的肯定。相应地，教师尊重学生，一方面，有助于加强监督学生参与活动的过程，另一方面，有助于调动学生的积极性，使学习效果得到保障。由此，学生配合教师的活动参与式前置教学的兴致才能得以保持，学生才乐于参与活动，从而获得恒久的学习动力。

第七章　不思则罔：问题生成式前置教学

第一节　问题生成式前置教学概述

一、问题生成式前置教学的内涵与原则

学校教育的核心就是课堂教学。随着新课程改革的深入，课堂教学的理念、内容和形式正发生着深刻的变化。提升课堂的质量，打造高效课堂刻不容缓。问题生成式前置教学，是一种可以提高课堂效率的教学方式。

(一) 问题生成式前置教学的内涵

问题生成式前置教学，指的是在新课教学之初，教师结合教学内容和学生的认知水平，设疑问难，布下悬疑，激活学生的思维，优化课堂教学的一种教学方式。学生在问题生成式前置教学过程中，围绕相关问题开展自主探究、合作学习等。

问题生成式前置教学使学生未接触新的教学内容，仍能通过自己的主动探究、发现问题和创新思维，提前熟悉新的教学内容。利用悬念趣味的问题

导入教学，吸引学生有深入学习的冲动。只有充满疑问，让学生不断经历思考和探究，才能屡屡拨动学生思维的琴弦。思维从惊异开始，让学生体验成功喜悦的同时，进而上升到理性高度，实现由生动直观到抽象思维的飞跃。

（二）问题生成式前置教学的原则

1. 生成性原则

生成性原则体现了问题生成式前置教学的发展性。在教学前，教师精心预设问题是为了有效地生成，将学生的预习转化为问题探究，用"问题"来引导学生积极思考。这不仅"活化"了知识，也培养了学生的思维能力。

教师凭经验预设，根据教学的起点——学生的"最近发展区"，尊重学生的"最近发展区"，让学生体验"跳一跳摘果子"的感觉，设计具有较强真实性的生成性问题，让学生经历创造各种价值意义生成的过程，产生丰富的学习体验。刺激学习者在动态中发展，使教学更具有生命力。[①]

2. 异步性原则

问题生成性前置教学是以"问题串"的形式引领学生进行探究学习。教师除了根据学生的"最近发展区"设计让学生体验"跳一跳摘果子"的问题，还应附加一两道难度大一点的问题。

苏霍姆林斯基鼓励学有余力的学生进行超标学习。每个学生的基础和潜质不一，前置教学要求学生按自己的速度进行超前学习，并鼓励优秀学生进行跳跃式的超标学习。总之，该统一的地方统一，不该统一的地方错开。放手让学生大胆自学，是满足学生自尊感、归属感、认同感的重要途径，也会增强学生对共同体的参与程度。这对学生而言，正是积极发展自身智慧和能力的创造性学习的契机，也是学生学会生存、健康成长的基础。

3. 交互性原则

[①] 陈雪芬. 精心预设，为了预约有效生成——也谈数学课堂教学中的预设和生成[J]. 科技资讯，2008，（15）：185—186.

师生、生生在特定情境中，通过对话、交往、体验和感悟生成新的认知经验、理解经验和实践经验，并形成对自然、社会、自我乃至对文化的整体认识和理解，是一种交互生成的过程。

教师设置学习共同体，在教学前向学生抛出问题；学生独立思考后，可以与共同体成员分享。学生在集体的学习环境中，不受时空的限制，可以是一对一的交互，也可以是一对多、多对多的交互，或进行个别化的自我交互。教师要对学生辅以人文关怀，并进行适当的情感交流与心灵上的沟通，了解学情的同时促进师生情感。与此同时，让学生感受到学习伙伴的关怀，及时获得学习上的帮助，增强自主学习的信心。

二、问题生成式前置教学的方法与作用

（一）问题生成式前置教学的方法

1. 巧妙捕捉生活点滴，引导问题生成

教师要根据不同的教学内容和学生实际，灵活选用前置教学方法。这样，新课导入才能成为促进教学、优化课堂的助推剂，教师也才会在新课开始之初就让学生产生浓厚的兴趣，沉浸在快乐中。创设合适的教学前置问题，能激发学生的求知欲和好奇心，可激发学生的问题意识，促使他们更多的思考。

在实际教学中，要根据学生的心理和年龄特征及认知水平，根据教学内容，选择学生感兴趣的情境、事例，以激发学生的学习兴趣和学习激情。可利用学生熟悉的情境生成问题，引起他们的共鸣；可以借助信息技术，整合课程有用资源，使学生产生直观感受。如在教学《反比例函数的概念》前，教师可以问：一张一百元的人民币，把它换成50元的人民币，可得几张？换成10元的人民币可得几张？依次换成5元、2元、1元的人民币，各可得几张？换得的张数 y 与面值 x 之间有怎么样的关系呢？在他们熟悉的生活情境、认知范围内，且感兴趣的基础上，促使他们思考，激发他们的认知兴趣和积

极情感。等到教学新课时，反比例函数的概念自然就水到渠成。

2. 巧妙捕捉错误启迪，驱动问题生成

学生面对问题，能正确找到通道固然最好，但难免会出现这样或那样的错误，此时，教师应巧妙利用学生的错误生成教学资源，这样既保护了学生学习的自尊，又促使了学生乐于学习。学生的错误是一种发生在身边，学生"创造"出来的宝贵的、有价值的教学资源，应该好好利用，启迪学生。

如即将学习立体几何时，教师抛出这样的问题：身边的平面图形与立体图形有何不同？并通过画图表示。然而有的学生会把空间图形当做平面图形对待，把空间图形中的异面直线当成相交直线，把面外的直线当成面内的直线对待等，从而导致错误。此时，教师可以根据学生完成教学前置问题的情况，提醒学生要有空间意识，让学生思考空间图形与平面图形的区别和联系。教师还可以通过教具、多媒体的演示，或学生自己动手演练，观察空间的线与线、线与面的位置关系，培养学生的空间想象能力，认清自己的错误所在。

3. 巧妙捕捉知识迁移，促进问题生成

知识具有系统性、连贯性，各知识点之间既存在着很大差异，又具有很多的相似之处，很多知识的生成需要借助已有知识。新课伊始，教师通过设置问题，将新知识与原有的知识体系加以联系，以减少学生对新知的陌生感，降低学生对新知学习的畏惧心理。

学生在解决前置问题时，教师应引导他们用旧知识解决新问题，比如，教学"椭圆"，教师可运用学生熟悉的"圆的知识"作类比，借用圆的相关知识来认识"椭圆"；而对于双曲线和抛物线的知识，又可运用已有的椭圆知识进行类比，迁移生成问题。

（二）问题生成式前置教学的作用

1. 提升学生学习能力

问题生成式前置教学是通过问题来呈现，让学生提前熟悉新知，使学生产生一定程度的好奇心和求知欲，从而为即将进行的学习做好充分的准备。

问题生成一般由易到难、由简到繁、由具体到抽象，旧中有新，新中有旧，使知识有支撑点，能较快地纳入到学生已有的知识结构中；在现有水平与最近发展区的结合点，学生便于将新知识同化，也使得思维能力得以强化。再者，具有一定深度、难度和有层次、有梯度的问题，可以逐步引导学生深入思考，从而使学生深刻理解有关知识，形成系统的知识结构，为新知识意义构建奠定良好的基础。

2. 提升教师教学品位

在课堂上，教师不能只充当播种机，学生不能只当接收机。问题生成式前置教学具有较强操作性，能有效改善教师的教学方式，提升教学品位。

问题生成式前置教学中，教师的"教"（教学内容，教学方式），是根据学生的"学"（学生已有的思考基础）来确定的。先做后学，先学后教，这是学生学的起点，也是教师教的起点。教师应创造条件让学生动脑、动手，并且把最具有思考价值的问题留给学生，让他们有充足的时间去讨论，去探究。在教学伊始，教师应主动了解学情，而不是单纯的知识传授。

3. 提高课堂教学效率

问题前置生成，可以让学生学习新课心中有数，减少无用功，做到有的放矢。它着重为学生创设贴近生活的问题情境，引发学生原有的认知结构和新现象产生矛盾、冲突，提升学生的思维品质。

问题生成式前置教学以问题为中心开展活动，常常把学生带到真实的问题情境中。学生如果发现现有知识经验无法解决问题时，就会产生强烈的认知冲突，更深入地投到学习中，整个课堂因此充满活力。此外，在解决问题过程中，学生在新旧知识之间建立更为丰富的联系，形成更为完整、更为融会贯通的知识结构，达到学习效益最大化。

第二节　问题生成式前置教学操作

一、问题生成式前置教学操作要求

问题生成式前置教学具有较强的操作性。其利用生成问题的方式展开课堂教学，自然地把前置性教学的内容引入课内，充分交流，提升学生新的认识，使教学内容的深度与广度得到进一步拓展。

(一) 合作性

教师在鼓励学生进行探究学习的同时，应引导学生加强合作。问题生成式前置教学注重把问题设置在学生的最近发展区，学生虽然对问题有所熟悉，但运用已有的知识和经验又无法解决，这就需要合作。合作一方面可以减轻学习负担，另一方面可以增进情感，让大家在互相帮助中共同进步。

合作学习的过程，实际上是一个"再创造"的过程。探究、发现和创造，能培养学生的创新意识和合作精神，加深对问题的认识。

(二) 有效性

一是问题数量要适可。过少或只是浮于表面，不能深入；过多则学生疲于应付，敷衍了事。二是问题要求要具体、明确，便于学生操作。三是问题要面对全体学生。教师要关注每一个学生的学习情况，特别要照顾学困生。

前置问题要及时检查，把课前检查和课堂提问结合起来，让每位学生由始至终都重视前置问题。问题的有效生成是学生成为学习主体的保障，可以切实提高教学效率。

(三) 可行性

心理学家维果斯基认为，在进行教学时，必须注意学生有两种发展水平：

一种是学生的现有发展水平，另一种是即将达到的发展水平。问题设置要着眼于学生的最近发展区，即凭借现在基础，通过一番努力，可以解决问题。弄清楚学生的两种水平，将大大提高问题设置的可行性。

二、问题生成式前置教学操作过程

（一）指导预习

教师设置问题要向学生具体说明要求，应遵循"适量、核心、多元"的标准。"适量"就是让大多数学生能完成，过多或过少都不能起到有效的作用。"核心"就是力求通过生成趣味性的问题，导入主干知识。"多元"就是面向不同层面的学生，让所有的学生都有不同程度的理解。面对学习基础较差的学生，可以进一步指导。

指导预习是一个重要环节。通过预习指导，学生能逐步形成"展卷而自能通解，执笔而自能合度"的能力。"发现问题和阐述问题可能要比得到解答更为重要"。在指导过程中，应鼓励学生结合即将学习的内容，或者在解答难题时提出疑惑，以便进一步学习。

（二）学情反馈

问题设置以学生都能学、方便学为出发点，为学生成为学习的主角搭建舞台。而要将教转化为学，做到先学后教、以学定教，必须分析学生的情况。一般而言，教师课前要根据教学目标引导学生交流不同的理解、认识，激发他们的学习热情。对"生成问题"与"预设问题"先独立思考，有困难再讨论，通过学生回答、学习表现等了解学生的学习情况，然后对此进行观察和分析，做出进一步决定，比如针对性地提出学生遗漏的问题，或对学生已有的问题进行更深入的提问。

（三）互动解疑

学生在生成问题、解决问题，又不断生成问题、不断解决问题的探究中成长，在情感、态度、价值观的不断碰撞中成长。在这个成长过程中，学生可能生成许多新问题，包括新的思考、新的认识、新的方案等。教师需要通过倾听和捕捉、点拨和组织，使师生向着"互动深化"的方向发展。如果在这过程中出乎意料地派生出新的问题，就要权衡其孰轻孰重，根据教学目标，适当调整预设方案，以促进学生的发展。

教师要对互动产生的信息分类处理，作出准确的判断，并根据教学需要调整教学方案。这样，才能使教学不断向前推进，提高教学效果。

（四）归纳巩固

把相同性质的问题归纳和分类，找出相同点，总结它们的特点或特性，使知识系统化，点明重点，促使教学问题有效生成。设计一系列小问题，学生当堂完成，教师当堂讲解，这种教学顺应了学生的思维特点和知识结构，让他们在不断探讨和解答问题中获得知识和能力，从而培养问题意识和创新思维。

三、问题生成式前置教学操作意义

（一）教师层面

1. 教学理念转变

教师引导学生发现问题、探究问题，实现由传统意义上的知识传授者和学生管理者转变为学生发展的促进者和帮助者；由简单的教书匠转变为实践研究者或研究的实践者；由教学活动的主角转变为学生学习的指导者和合作者。

教师通过生成问题，更能了解学生的思想动态。主要表现在不但关心学生解决问题的过程和能力，还关注每一位学生的情感体验、人格尊严；注重师生互动，注重共同学习和发展。随着教学理念的转变，问题生成前置教学将越来越趋向以生为本。

2. 教学方式改善

改变传统的灌输式教学，充分尊重学生的个性差异，注重因材施教，更多地运用情境式、讨论式、引导式、探究式等教学方法。创新的教学方式不仅可以丰富教学内容，还可以最大程度地促进学生自主学习，让每个学生都带着准备进入课堂。

新课程改革提倡，教师的教应更好地为学服务，即教的内容和形式以学生的学来确定。只有使教学方法切合教学内容，有利于问题生成，学生才会乐于去做，学习的兴致才得以持续，并推动教学向前发展。

3. 促进专业化成长

问题生成既是对学生的一种促进，更是对教师的一种挑战。对教师而言，接受挑战，就是提升专业水平，是教师职业理想、职业道德、职业情感、社会责任感的不断成熟，不断提升，不断创新。学生在教师的发展中成长，教师在学生的成长中发展，这是教师专业成长的新内涵。

(二) 学生层面

1. 学生的自主学习更主动

解决前置问题，学生获得了自主学习的成功感，极大地激发了学习的积极性和主动性。美国心理学家奥苏伯尔说："影响学习的最重要的原因是学生已经知道了什么，我们应当根据学生原有的知识状况去进行教学。"通过前置性学习，学生有了自主探索、独立思考的体验与感悟，思路更开阔，个性得到更好的发展。

2. 学生的探究学习更深入

把问题置于课前，学生可以有更充分的时间、更广阔的空间对问题进行不同侧面的再认识和再思考，体验解决问题策略的丰富性、多样性。与此同时，通过对他人观点的思考与批判，引起新的认知矛盾与认同，从而自觉地对自我认知系统进行修正和补充，达到思维的发展，从中学会如何思考，如何解决疑难问题。

3. 学生的信心更足

苏霍姆林斯基说，人的内心深处都有一种根深蒂固的需要，这就是希望自己是一个发现者、研究者、探索者，在儿童精神世界中，这种需要特别强烈。他们期望自己获得成功，期望感觉到自己智慧的力量，体验到创造的快乐。面对前置的问题，学生利用自身的知识和经验，找到解决问题的通道，使个性发展成为可能；小组合作，互相鼓励，共同进步，各个层次的学生都能得到充分的发展，课堂成了他们展示、发现的天地，学生的学习信心更充足。

第三节 问题生成式前置教学课例分析

一、经典案例

问题前置生成式教学法的探索与实践[①]

步骤一：以"问题串"的形式呈现前置性问题

问题1：线圈在匀强磁场中匀速转动一周，电流大小如何变化？为什么会产生这样的实验结果，有什么必然性？

---

① 杨宝娇，周小方. 问题前置生成式教学法的探索与实践[J]. 物理通报，2012，(3)：15—16.（编者略有改动）

问题2：为什么要分析各个位置磁通量、感应电动势的大小？它们的变化是否同步？

问题3：为什么要考虑感应电动势的最大值？

问题4：影响感应电动势最大值的因素有哪些？如何控制这些因素，使得家用额定电压为220 V？

问题5：为什么要考虑任意时刻的感应电动势大小？

问题6：能否用一个数学表达式或者图像来描述感应电动势随时间的变化规律？

步骤二：学生分组讨论

实验组的学生利用提供的器材进行探究，教师提示学生用图表的形式记录下线圈在初始位置，转90°，180°，270°，360°这几个特殊位置的电流大小。理论组的学生通过磁通量、感应电动势与感应电流的因果联系，推导出线圈在中性面位置，没有边长切割磁感线，所以流过它的感应电流为零；在平行面位置，线圈的两边同时切割磁感线，所以流过线圈的感应电流最大。

另外，理论组通过电磁感应定律的推导式以及圆周运动中角速度、线速度与角度的关系得出电动势的变化规律分别是 $e=2BLv\sin\theta=2BLv\sin\omega t$ 和 $e=BLd\omega\sin\theta=BLd\omega\sin\omega t$，式中 B 为磁感应强度，L 为线圈的长度，d 为线圈的宽度，v 为线速度，ω 为角速度，t 为时间。若线圈匝数为 N，则感应电动势为 $e=NBS\omega\sin\omega t=E_m\sin\omega t$。学生通过教师的引导，用公式法和图像法表示交变电流的变化规律。

步骤三：教师评价和总结

表1 教学内容归纳总结

线圈平面与中性面所成的角度/(°)	0	90	180	270	360
磁通量大小	最大	0	最大	0	最大
感应电动势	0	最大	0	最大	0

感应电流大小	0	检流计指针左两格	0	检流计指针右两格	0
感应电流方向	无	从负接线柱流入	无	从正接线柱流入	无
现象总结	在前180°中，电流从负接线柱流入。 在后180°中，电流从正接线柱流入。 在一个周期360°中，电流方向改变了两次，分别在180°和360°位置。 在前180°中，有一个最大值，在后180°中，也有一个最大值。					

步骤四：课堂有效生成问题

1. 实验中，线圈在匀强磁场中匀速转动的时候，电流计的指针在左右摆动，说明该电流计测的是瞬时值，而交流电表测的是有效值。两个仪器有什么区别？

2. 如果将两节相同的干电池串联或者并联，电流有什么变化？

二、设计策略

交变电流在日常生活中应用广泛，单相交变电流的产生原理以及变化规律在高中物理教学中具有重要的地位。探究交变电流的产生原理，实质上就是理解磁通量的变化、感应电动势、感应电流等各物理量之间的因果联系，寻找感应电动势、感应电流与时间的函数关系。

将学生对电磁感应现象已有的认识，作为教学设计的起点。从知识结构角度看，学生已经掌握了法拉第电磁感应定律，能够应用楞次定律和右手定则判断感应电流的方向；从技能与方法角度看，学生经历了感应电流的产生条件、感应电流的方向等两个探究实验，已经具备了所需的理论基础和相关的实验技能。

（一）教学思路

本节课采用问题前置生成式教学方式，将实验和理论有机结合，双管齐下，共同探究交变电流的变化规律。教师首先以"问题串"的形式向学生呈现前置性问题；接着要求学生猜想并分组讨论；然后实验组和理论组分别从不同的途径探究交变电流的产生过程，并描述其变化规律；最后教师归纳总结，促进课堂的有效生成。本节课的特点是突出了前置性问题和生成问题。

（二）教学内容

教师摒弃了传统的通过预习教材的方式指导学生预习，而是通过问题串的形式，激发学生思考的热情，从而理解教学内容。教学内容与教学时间匹配，在两个课时中，前置问题逐步生成新问题，一切都是循序渐进，而不是满堂灌。在这一过程中，教师突出前置性问题和生成问题，将实验和理论有机结合，双管齐下，共同探究交变电流的变化规律。

（三）教学形式

首先，教师预留时间要求学生独立思考，相互交流，培养他们的自主学习能力；其次，根据高中学生的心理特点，把实践与理论相结合，把两者融为一体，实践中实现问题生成；再者，通过学生的交流讨论，归纳总结学生的想法，促进他们提升认知。利用图表教学也是一大亮点，让学生更清楚明了地了解生成的问题，便于深入思考。此活动形式既让学生自主探究，提高学生的解决问题的能力，又增强学生的自信心。

三、操作方式

（一）课前

教师需要提前分析教材和学情，预设生成问题。上述案例以串联形式设置问题，起到引导作用。在实际教学中，设置小问题的数量是自定的，但求贴近生活，以吸引学生。问题是学习的方向标，要有明确的思路，旨在引导学生高效投入学习。但是，并非只要设置好问题，就可能使课堂"活"起来，实际上，还需要其他策略去调动学生的积极性。比如，利用"串"的形式把问题呈现给学生，促使学生独立思考。

（二）课中

教师以问题形式，要求学生预先熟悉新课内容，并通过独立思考，解决问题。教师引导学生通过实验组和理论组主动学习，运用现有知识解决疑难问题。在此过程中，教师要对学生的表现进行及时评价。经过学生充分自学后，教师归纳与总结，就出现的疑问进行引导，适当点拨，甚至讲解，使其深入理解内容，多层次掌握知识要点，达成教学目标。与此同时，力求有效生成问题，让学生做到理论和实践相结合，激发学生参与活动的热情。

（三）课后

如果安排两个课时，则第一课时结束后，教师可以通过教学反思改善下一节课的教学。具体而言，即反思前置性"问题串"设计是否有效："问题"是否能引导学生积极主动地思考？是否"活化"了知识而且锻炼了学生的思维能力？教师是否立足学情，尊重学生的"最近发展区"？是否让学生体验了"跳一跳摘果子"的感觉？此外，还需进一步思考"问题串"呈现的问题数量是否合适，问题设置是否越详细越好，如何准确地把握好这个度。

第四节　问题生成式前置教学注意事项

在问题生成式前置教学中，学生走进教室的时候不再是一张"白纸"。凭借知识经验的积淀，面对各种生成性问题，大多数学生都有自己的看法，能提出属于自己的解决方案。为了问题生成式前置教学日臻完善，在实施过程中应注重以下几点。

一、问题生成时，注重设置知识悬念

教师在采用问题生成式前置教学时，要注重通过设置悬念，联系新知识点，帮助学生理清学习思路，并用准确的语言将自己的想法表达出来。在教学中，教师要充分了解学生的学科观念以及知识水平，并在此基础上提出具有悬念性的问题，让学生在强烈的求知欲中不断增强学习的动机，为科学的观念的形成和发展奠定良好的基础。具有悬念的问题，才会吸引学生，激发他们思考问题的主动性，从而有利于提高教学效果。

二、问题生成时，注重学生生活经验

知识来源于生活，也高于生活。生活是学习的源泉，生成问题应考虑问题的生活性。设置贴近生活、联系实际的问题，让学生有机会更好地学以致用，获得真正的生活能力。

学生的生活经验让问题设置更具开放性，这也意味着问题生成更具有不可预知性，这无论是对教师还是对学生，都是一个挑战。为了提高应对这种挑战的能力，一是教师要具有广博的知识，二是增强学生的心理素质。最重要的一点是，让学生的生活经验在问题情境中产生碰撞，以激发学生对生成问题的思考，并着手加以解决。

三、问题生成时，注重问题的难易程度

"疑是思之始、学之端。"随着新课程改革的深入，以问题探究为基础的教学已经获得很大的认同。但是，有的教师没有把握好设置问题的难易程度，致使有的问题脱离学生生活实际和知识水平，太难或太易，让学生失去继续学习的兴趣和信心，难以体现问题生成的价值。

如果设置的问题过于简单，形式单一，就等于流于形式；如果设置的问题属于记忆性的居多，且缺乏创造性、批判性，也是没有多少实质性意义的，

不利于培养学生的独立思考能力和辩证思维能力。

为了避免这类错误，在设置问题时，应根据学生现有的知识水平，设置开放性问题，鼓励学生自由发挥，培养创新性思维。

第八章　压力即动力：任务驱动式前置教学

第一节　任务驱动式前置教学概述

一、任务驱动式前置教学的内涵与原则

任务驱动式前置教学是"以任务驱动、教师为指导、学生为主体"建构主义理论框架下的一种教学模式。随着教学改革的不断深化，任务驱动式前置教学得到了广泛的运用并逐渐成熟，已经成为以激发和培养学生学习兴趣为目的的素质教育方式。

（一）任务驱动式前置教学的内涵

任务驱动式前置教学，指的是在新课之前，学生通过自主学习和相互合作，完成教师布置的任务，从而驱动学生建构真正属于自己的知识与技能的一种教学模式。它是以解决问题、完成任务为主体的互动式教学，其本质是通过"任务"来激发、增强和维持学生的成就动机，让他们不断地获得成就感并激发求知欲，从而培养出独立探索、勇于开拓进取的自主学习能力。

教师设计的学习任务，包含了学生应该掌握的知识与技能，其以任务为导向，将新的教学内容有机地融合，将新的知识点隐含在一个或多个任务之中，引导学生发现、分析、解决问题。学生接受任务和主动学习以实践为基础，既掌握技能和方法，又培养自学能力和创新能力。

任务驱动式前置教学致力于培养学生获取、分析、存储、传送、利用信息的能力，这也是学生适应新时代生存需要的重要素质。

（二）任务驱动式前置教学的原则

任务驱动式前置教学的教与学方式，能为学生提供实践与感悟的情境，促使学生主动尝试、实践、思考、应用，并在这一过程内化知识结构。任务驱动式前置教学，体现了探究性、动态性、目的性、真实性等原则。

1. 探究性原则

学生是任务的主体，应自主参与探究性的任务。教师只有不断鼓励学生敢于质疑、乐于探究，才能真正发挥任务驱动式前置教学的作用。学生发挥自己的主观能动性完成探究任务，也能培养自我学习和解决问题的能力。学生通过接受任务、收集资料、发现问题、完成任务等，逐步学会用知识解决生活中的实际问题。因此任务的完成往往不能只单纯地学习书本知识，更要拓宽学习领域，依托生活和动手实践，如观察、调查、制作，以最大程度的求知热情寻求解决问题的最佳方案。所以，任务驱动式前置教学在实践中强调探究，也即注重培养学生的科学态度、发散性思维和实践能力。

2. 动态性原则

任务驱动式前置教学具有动态性的原则，一方面是指给学生安排的任务，其答案往往不是固定的，而是具有多元性和动态性的。教师不刻意要求只有一个答案，事实上也不存在绝对的标准答案。对同一个任务，教师应允许学生发表不同的见解和使用不同的解决方法。一般情况下，教师可在课前了解学生完成任务的动态；另一方面是指教师在安排任务时，要选择适合学生学习发展的任务,并可根据学生的实际情况适时对任务配备进行调整,以保证不同学生完成学习任务的各阶段需求。

3. 目的性原则

唐文中在《教学论》中认为,"目的性原则"是指"整个教学过程要有利于教学目的的实现,积极促进学生在德、智、体诸方面健康发展"。[①] 任务驱动式前置教学一般要求教师按照课程总目标将教学目标内化为学生的学习目标,并提示学生实现目标的途径和方法。同时,教师要认识每一具体目标与总体教育目标的关系,学生完成具体任务,不仅要掌握知识和技能,还要有人格发展。

总之,任务驱动式前置教学的"任务"要服从、服务于教育目标的要求,一切教学任务都要围绕教学目标展开,以实现总体的教育目标。将认识、教育、发展综合起来建立三位一体的学习任务,充分发挥教学的科学性。

4. 真实性原则

此原则是指教师在设计任务时,提供给学生明确、真实的任务应用情境,让学生在一种自然、真实或模拟真实的情境中学习知识,从而预热新课的知识。

只有这样,才能激发学生参与课堂的动机,使学生感到学习源于生活,学习贴近生活。学生在课堂上完成真实的实际任务越多,使用现实生活知识的机会也就越多,解决实际问题的能力也就越强。让学生完成真实的任务和研究真实的问题,可以让学生认识到知识的实用价值,从而成为自主的学习追求者。[②]

[①] 唐文中. 教学论 [M]. 哈尔滨:黑龙江教育出版社,1990:126.
[②] 管国贤,严育洪. 任务驱动式教学在小学数学教学中的应用 [J]. 江苏教育研究,2012,(08):51—56.

二、任务驱动式前置教学的方法与作用

（一）任务驱动式前置教学的方法

1. 先明确任务

根据教学目标而设计任务。具体而言，即根据各班的兴趣，以学生终身受益的思想为指导，通过任务实例的方式将任务具体化、个性化。同时，给学生明确任务安排步骤，创设贴近学生生活的情境，激发其强烈的学习动机，使他们自身积极主动投入到学习中去。值得注意的是，教师设置任务的容量要适量，如果涉及的内容较多，要考虑把任务"肢解"，通过任务单的形式引导学生主动完成。课前任务的精心设计是此策略的关键，因此，任务设计应更多地从学生的心智发展水平和不同年龄阶段的知识经验和情感需求出发。

2. 重激发兴趣

"学生是语文学习的主人。语文教学应激发学生的学习兴趣，注重培养学生自主学习的意识和习惯，为学生创设良好的自主学习情境，尊重学生的个体差异，鼓励学生选择适合自己的学习方式……"[1] 只有兴趣被激发起来，教学才能取得事半功倍的效果。

著名教育家陶行知先生说："学生有了兴趣，就肯用全副精力去做事，学与乐不可分。"教师应遵循学生的认知规律，从学生的学习兴趣出发，设计富有活力的教学任务，比如，在教学"信息技术"课时，可以给学生布置任务：如何通过微信购买货物？如何利用微博进行学习？……这样不但没有增加学生的额外负担，反而极大地激发学生对信息技术的学习兴趣，同时可以开阔学生的视野。

3. 宜效果评价

---

[1] 管锦善. 让学生成为语文学习的主人 [J]. 新语文学习（教师版），2010，(5)：50—51.

注重效果评价是实施任务驱动式前置教学的关键之一。效果评价，一方面是对学生完成任务的过程与结果的评价，另一方面是对学生自主学习态度和思维能力等的评价。

评价方式包括诊断性评价、形成性评价、总结性评价。在课前，教师可以根据对学生已具备的知识水平、智力和能力等，判断学生是否具备完成该任务的基本条件；在课中，教师对学生的情况和问题进行评价，对表现好的作出及时的表扬，对有疑惑的进行适当的指导；在课后，请学生展示学习成果，可以是教师评价，也可以是自我评价，还可以是学伴评价，力求共享成果，相互促进，共同提高。当然，积极的评价将极大地激发学生的学习热情，对学生的后续学习产生强大的推动。

4. 靠归纳总结

学习中，或许有很多学生会问"学习有没有捷径呢"？显然，答案是否定的，因为学习的确是一件实实在在的事情，来不得半点马虎、偷懒。但是，科学的学习方法确是存在，比如归纳总结。学生在完成学习任务的过程中，需要通过讨论、归纳来总结学习经验，以提高自己的学习效率。

教师应通过讨论与交流，让不同的观点交锋、碰撞，从中修正和完善对当前任务的解决方案，并共享学习成果。同时，要引导学生在探究中获得新知识、新思想，然后进行归纳总结，并纳入已有的知识体系。

(二) 任务驱动式前置教学的作用

1. 是打造高效课堂的润滑剂

教师根据学生实际需要，精心设计前置任务，正确处理好任务的难与易、多与少的关系，加工处理成符合学生认知规律、容易理解和感兴趣的教学体系，使教学任务适合大多数学生的知识水平与接受能力。同时从任务切入，激发学生探究知识的欲望。这种教学方式以引导学生积极参与为主线，提高学习的效率为导向，有别于以往只注重灌输而轻视思考的方式，有利于培养学生的创新精神和合作精神。

2. 是引导学生思考的诱发剂

教师是主导者，给学生提供明确的指导；学生是主体，利用所学知识与技能去完成新任务。建构主义的学习理论观点认为，"学生学会的知识最终都是通过自己建构、内化完成的"。任务驱动式前置教学强调通过任务激发学生产生探究新知识的强烈动力，学生在完成任务后，能够体会成就感，会更加激起学习的热情，从而提高学习的主动性和思维的积极性。

3. 是协助教师教学的催化剂

任务驱动式前置教学以任务的方式呈现，促使学生积极与外部发生联系，使认知结构的同化和顺应得以发生和完成，最终实现知识意义的建构。因此，任务驱动式前置教学更容易协助教师完成教学任务。

在传统的教学中，教师主要通过知识灌输，或利用实例讲授知识。在这种教学方式下，学生只是机械地接收，少有自己的思考，难以把知识内化为自己的技能。而任务驱动式前置教学有利于教师提前把握重难点，预先了解学情，帮助学生更好、更深入地进行学习。

第二节　任务驱动式前置教学操作

一、任务驱动式前置教学操作要求

（一）实事求是

教师把设置好的任务分发给学生后，却无人问津——几乎没有学生感兴趣，这未免会让教师伤心，并且可能产生质疑：任务驱动式前置教学没有你们说得那么厉害。不少教师都会碰到这种情况，特别是在刚开始采用这种教学方式的一段时间内。难道就这么难开展下去吗？答案是否定的，这当然与教师设计任务不从实际出发有关系。

教师应充分考虑学生现有的文化知识、认知水平、年龄、兴趣爱好等特点。此外，设计任务时更要注重可操作性，注意本班学生的特点与知识接受能力的差异，要时刻从学生的角度出发，根据学生的实际水平来落实每一个任务，做到因材施教，按教学规律实事求是地操作此策略，使教与学达到完美的结合，充分提高教学效率。

实事求是体现在另一个方面就是处理理论知识与实践经验的关系。在教学操作时，应敢于放手和鼓励学生尝试运用所学知识完成任务，使学生在任务中提前接触新的知识，拓展知识面，从而使各种能力得到锻炼、发展。

(二) 循序渐进

任务驱动式前置教学的基石是循序渐进，简而言之，即低门槛、缓高度、渐层次推进教学，由表及里，由浅入深，由简到繁，由易到难，做到循序渐进与促进发展有机统一。

如果教师能智慧地利用此操作要求来实施教学，课堂便成功了一半。"循序渐进"包括四方面：第一，要按照学科的逻辑规律和学生认识发展的水平，注意安排任务的时间、强度、总量。第二，因时、因地、因人把握分发任务的节奏，由浅入深使学生预先熟悉基础知识，逐渐形成严密的逻辑思维能力。第三，要求教学的具体任务、教学内容、方法和形式要符合学生的身心发展水平和知识水平，不断提高学生的知识水平和能力。第四，教材之间要注意相互联系，相互衔接，使新旧知识紧密结合，形成一个完整的系统。只有遵循此细则要求，才能使学生有效掌握系统的知识和发展严密的思维能力。

(三) 难度适中

制定难度适中的任务是教师采用任务驱动式前置教学的基本功。应从学生发展的实际出发，循序渐进地推进教学任务，教学任务与学生发展水平相适应，教学方式让学生可接受。

运用任务驱动式前置教学，需要花费更多的心思去把握好任务的难度，因此，教师不得不经常考虑的是，注意任务的难度和大小要恰当，把教学任务确定在学生的"最近发展区"内，保持一定难度；还要准确把握和估计学生的接受能力和智力体力发展水平，采取适量的教学内容，由近及远、由已知到未知、由简单到复杂、由具体到抽象、由部分到整体地设计任务。

难度适中的任务可以激发学生的求知欲并由此产生学习兴趣，激发学生的认知内驱力并由此产生学习动机，激发学生的好奇心并由此产生学习欲望。那么，学生在完成任务的过程中就能提高能力，拥有"跳一跳，摘到桃子"的成就感。难度过大的教学任务，往往会挫伤学生的学习积极性，效果自然会适得其反。

二、任务驱动式前置教学操作过程

（一）教师明确责任

首先，教师应清楚自己的角色。教师是指导者，要对学生的学习任务提出要求，提供学习方法指导，使学生少走弯路，以保证学生的自主学习有序进行。

其次，教师要根据教学目标、教学重难点和学生认知水平，设计出明确性、真实性的任务，并说清任务的要求，让学生心中有数。

教师要及时掌握学生的学习情况。在学生遇到难题时，教师应该引导学生；在学生学习不够主动时，应该给予鼓励，激发学习欲望，引导学生自主探究；在学生需要"我行我素"时，允许他们自由发挥，按照自己的想法和创意来完成任务。

（二）学生接受任务

任务驱动式前置教学已经形成了"任务为主线、教师为主导、学生为主体"的基本特征,主要包括两方面的内容。一是教师在新课前安排任务时,注意营造轻松和谐的氛围,说清任务要求,提供有关线索,让学生调整好心态,积极参与学习任务。二是教师应给予学生充足的时间,让他们去尝试,去实践,去分析,去质疑,直至完成任务。在这一过程中,学生获得了解决问题的能力。

(三)学生反馈情况

美国心理学家华莱士指出,学生显著的个体差异、教师指导质量的个体差异,在教学中必将导致学生创造能力、创造性人格的显著差异。由于学生存在个体差异,因此,每一个学生完成任务的情况可能都不一样。

此时,教师了解学生的反馈,必要时根据学生情况调整教学方案,或者对偏移轨道的学生,进行循序渐进的指导,或者对普遍存在的问题,进行统一指点。但无论如何,始终要坚持"教师主导,学生主体"的原则,使学生通过完成任务获得自主发展。

(四)总结性评价

任务驱动式前置教学主张评价以生为本,强调促进个体和谐发展,关注学生的终身发展。评价内容主要包括学生完成任务情况、对基本知识的掌握程度、协助能力、自主学习能力、创新能力等,并结合学生的自我评价和小组评价,让学生获得较全面的认识,使学生在学习中获得自信,在自信中找到快乐,在快乐中得到发展。

三、任务驱动式前置教学操作意义

(一)任务驱动式前置教学使教师亮起来

任务驱动式前置教学除了能够实现由以教师为中心向以学生为中心转移,

从教会学生一个结果到教会学生一个学习过程的转变，还促使教师不断地更新教学观念，促进教学方式的变革。主要体现在三方面：一是贴近学生实际，便于学生掌握学习内容；二是趋向问题实际，便于学生学以致用；三是注重实践，便于学生知识与实践相结合。这意味着，任务驱动式前置教学对教师的专业素质和教学水平是一个挑战，这要求教师不断更新教学观念，充实专业知识。

（二）任务驱动式前置教学使学生动起来

一方面，教师应结合教学目标设计任务，力求知识学习和实际操作相结合，提高学生的学习效率。学生完成任务可以获得一定的满足感、成就感，从而激起更强的求知欲望，形成一个愿意"动起来"的良性循环。另一方面，教师应设计开放式的任务，让学生可以通过多种途径完成，这有利于激发学生的发散性思维，形成创新性思维品质。

需要提醒的是，在学生完成任务过程中，教师应鼓励学生主动发现问题，并提出解决问题的多种方案，以培养学生分析问题、解决问题的能力。这是任务驱动式前置教学的出发点和落实点。

（三）任务驱动式前置教学使课堂活起来

任务驱动式前置教学强调促进群体与个体的合作，注重课外与课内的联系，讲究生活与教学的结合，可以把枯燥的学习变成生动的学习，把机械的记忆转为具体的操作，提高了教学效率，活跃了课堂气氛。

任务驱动式前置教学重视学生的参与性与主动性，学生学会学习、学会沟通、学会合作，较好地培养了学生的自主学习能力、动手操作能力、解决问题能力等。

第三节　任务驱动式前置教学课例分析

一、经典课例

任务点亮课堂[①]

步骤一：问题的背景与提出

1. 问题的背景

对于百度、Sogou、Google等搜索引擎，我们并不陌生，通常情况下，我们都是通过输入关键词来查找有关信息。其实，网络搜索有一些技巧，比如：怎样快速地搜索包括图片、音乐、Flash动画、地图、历史网页等在内的信息。

本节课，我们主要讲述如何利用百度、Sogou、Google等搜索引擎搜索所需要的图片、音乐、Flash动画文件，以及如何在因特网上查询地图、历史网页等信息。

2. 问题的提出

师：同学们，你们知道2010年我们国家举办过一个什么大型盛会？

生：知道，是上海世博会。

师：对，我国2010年在上海举办的世界博览会（Expo2010），是第41届世界博览会。在2010年5月1日至10月31日期间，在我国上海市举行。这次世博会是由中国举办的首届世界博览会，上海世博会以"城市，让生活更美好"（Better City，Better Life）为主题，总投资达到450亿人民币，创造了世界博览会史上最大规模纪录。现在老师想考考大家，大家知道北京奥运会

[①] 郭莹，戴心来. 基于任务驱动式小组合作学习课堂教学设计——以《高级网络搜索》为例 [J]. 中小学电教，2011，(12)：66—67. 本文有改动。

的会徽是什么吗？

生：是"中国印·舞动的北京"。

师：有谁知道北京奥运会的主题曲是什么啊？

生：《我和你》。

步骤二：任务的提出与完成

教学任务一："既然上海世博会这么隆重，我想大家一定都非常想知道一些关于上海世博会的知识，我们可以借助像百度、Sogou、Google 这样的搜索引擎来揭开上海世博会的神秘面纱。首先，老师想到的第一个问题是，奥运会的会徽大家都知道了，上海世博会的会徽是什么呢？怎样在网上搜索到这个图片呢？"在学生利用计算机搜索的过程中，教师在学生中间查看搜索结果，如果有搜到答案的学生，可以让他给同学们讲解。如果没有，教师在教师主机上通过投影仪向学生们演示搜索过程。

(1) 访问网站 www.baidu.com，单击"图片"超链接。

(2) 在搜索框中输入"上海世博会会徽"。

(3) 单击"百度一下"按钮。稍等一下，窗口中会显示很多上海世博会会徽的图片。

(4) 单击其中的图片，可以打开一个新的窗口，放大显示选定的图片。

教学任务二："了解了上海世博会的会徽后，了解它的主题曲，大家都知道奥运会的主题曲是刘欢和莎拉布莱曼共同演唱的《我和你》，上海世博会的主题曲是什么呢？同学们可以按照类似搜索图片的方法，讨论怎么样搜索歌曲。"在学生们讨论的过程中，有些学生可能会发现百度搜索引擎上有"MP3"这样的搜索项，很快搜索到答案。

教学任务三："我想大多数同学都很喜欢 Flash 动画吧，我们要是想看一些关于上海世博会的 Flash 动画，在搜索引擎上我们怎样才能迅速找到呢？现在请同学们按照我们事先分好的小组讨论完成这项任务，由小组长负责总结你们组想出的方法。"教师在各组轮流指导，各小组学生讨论独立完成，在规定时间内讨论结束后,由各小组长展示。在各小组分别展示后,教师总结搜索上海世博会Flash动画的简便方法:直接在搜索引擎中输入"上海世博会.swf"。

可选任务四:"假如你要在暑假期间去参加上海世博会,上海那么大,你要怎么样才能知道世博会场馆的具体位置?我们是不是需要一张上海市的地图?怎么样利用Sogou这样的搜索引擎搜索上海市的地图呢?"

课后任务五:"同学们知道网站的更新速度很快,网页内容经常发生变化,可是有时我们需要查看以前的网页内容,搜索引擎为我们提供了这样的功能。那么这项功能藏在哪呢?"课下让学生们试着探索一下查看历史网页的方法。

二、设计策略

(一) 预定目标

预定目标是学习者希望达到的理想目标,它体现了学习者完成任务的主观愿望。教师作为指导者,在任务环节,首先要考虑的问题是要达到什么目标。预先确定学习目标,教师可以从各个方面,包括使用描述性语言,对所预定的目标有一个明确的介绍,如要求、方法和步骤,进行计划编制。如果目标的确定是空泛的,甚至是模糊的,那么预定的任务就很难完成。任务驱动式前置教学的准备阶段,必须对预定目标做出详细的说明,而这种说明应是具体的、准确的,不能含糊不清,要科学地体现目标的层次性和系统性。

任务驱动式前置教学区别于其他教学活动的核心思想就是:提供一些有趣的、可行的任务,促进学生思维能力的发展。换一句话说,促进学生思维能力的发展是任务驱动式前置教学的预定目标。

(二) 分配角色

任务驱动式前置教学的分配角色,目的就在于确保预设任务的顺利完成。

角色分配尽管琐碎，但对于完成任务来说是十分必要的。一个合理、具体、周密的角色分配，能确保学习任务顺利完成；相反，随意地分配角色，往往会使任务在完成过程中漏洞百出，十分被动，也难以实现预期的学习目标。

一个合理、具体、周密的角色设置与分配，至少应包括以下内容：

其一，任务驱动式前置教学的目标、准备和策略。这是任务驱动式前置教学的重点，因为只有具备这些内容，任务驱动式前置教学才称得上是具备了角色分配的条件。

其二，任务驱动式前置教学的方法、措施与步骤。学生的学习是在教师指导下凭借任务进行探究的一种学习形式，其目标是培养学生高层次的思维，通过解决问题来促进创新思维。在角色分配时，要明确任务驱动式前置教学的方法、措施与步骤。

其三，任务驱动式前置教学的结果、分析与评估。任务驱动式前置教学的结果受制于角色的方法、策略及他们之间的协作，分配角色任务时，应考虑到每一个角色有利与不利因素，分析和评估各个学习者的学习结果。

（三）成果展示

成果展示主要形式包括以下几个方面：

可以是小型学术论文、欣赏评论文字，也可以是读后感、随想等。

将文章的提纲制作成课件，讨论时一并展示。

分组汇报，各小组在论坛中发表自己小组的主要讨论结果，用课件制作演示文稿进行汇报，并回答同学、教师的提问。

撰写一份研究报告，答辩时递交给评委会。

制作一份课件演示文稿（或电子邮件），以备答辩活动用。

三、操作方式

（一）明确一个核心

任务驱动式前置教学着重于协作与实践，因此必然要对学生的学习情景进行设计。任务是协作要达到的目标，学生所做的就是对任务的认识以及掌握任务内置的核心，因此要面向任务设计。任务驱动式前置教学面对的任务往往是综合性的，因此需要进行角色分配，这样才能有效地完成任务。

（二）分析两个内容

主要包括学生内驱需求分析和探究任务分析。这两者是相辅相成的。对于一个较为艰巨的任务而言，必然要对学生的内驱需求进行分析。任务驱动式前置教学是建立在对学生深刻了解之上的。对于其他教学方式而言，也许没有时间和精力去观察调查学生过去的协作模型，但是对于任务驱动式前置教学而言，在过程设计的时候一定要站在学生角度思考：如果我是学生，这里我会需要什么，我能达到怎样。探究任务是任务驱动式前置教学的"驱动"所在，是教学核心，是基于学生预知的问题解决，即要在任务驱动式前置教学过程中面对挑战和矛盾，它为学生提供学习目标和焦点，具体体现教师的基本意图。

（三）考虑三个因素

任务驱动式前置教学在实施之前，有必要从三个因素进行考虑。一是了解任务驱动式前置教学的原则。没有原则，就丧失了设计的立足点。二是了解任务驱动式前置教学的协作模式。不了解模式，就会对任务驱动式前置教学的实施造成困惑。三是了解任务驱动式前置教学的影响因素及其作用，如果对于任务驱动式前置教学的影响因素及其作用都不了解，那么，就缺少任务驱动式前置教学的明确性。

第四节　任务驱动式前置教学注意事项

新课标强调学生探索新知识的经历和获取新知识的体验。在采取任务驱动前置教学方式后，如何才能以学生为中心，课堂教学坚持以任务为主线寓教于乐、寓学于乐呢？

一、注重任务的设计，激发学生学习欲望

首先，要明确教学目标，坚持把教学目标作为任务出发点和基础，紧紧围绕教学目标，把目标不断地形象化具体化。其次，把目标分为多个子目标，根据子目标设计小任务，通过小任务达到总体目标。还要注重任务设计要符合学生的特点，例如：学生的文化知识、年龄、认知水平、兴趣等，做到因材施教，实事求是。再者，注重重难点、知识点容量等。一个明确且适度的任务设计是任务驱动式前置教学工作的关键，因此，任务设计做到由浅入深，循序渐进，注意学生间的个体差异，这样才能激发学生学习欲望，并给予学生更广阔的思维空间。

二、注重引导学生自主探索完成任务

实际上，由于任务驱动式前置教学是利用开放式的"以任务带知识"的教学环境，充分调动学生的参与意识，让他们真正参与到课堂教学活动中。因此必要情况下教师向学生提供完成任务的线索，比如可以从哪里去获取相关资料、寻找相关帮助以及完成任务的大体思路，在学生前进时指引方向。

当然，教师是帮助者和指导者，应鼓励学生独立完成任务，进行自主探索学习，让每位学生都能自由地、大胆地去完成任务。同时，及时为他们提供帮助，给予提醒、指导。总之，采用此策略，注重引导学生自主探索完成任务，这样，才能充分发挥学生的主体性，体现学生的首创精神，进而使学

生通过自己亲自操作，体验成功与失败，正确认识自己的认知活动，从中获取对知识的正确理解，探求问题的最终解决。

三、注重适当地进行效果评价

在任务驱动式前置教学模式中，教师已经改变了其传统教学课堂中的主角地位，也不再是单纯的教书匠，还需充当多种角色，如评价者。教学评价是教学的一个重要组成部分，教师应及时总结课堂的优缺点，及时对学生的课堂表现进行评价，细致入微地为学生提出针对性反馈信息。那么，一方面可以加深学生对自身学习情况的了解，大大增加学生的自信心，激发学生更大的学习热情，也为往后的自主学习奠定扎实的基础。另一方面，通过适当的效果评价还可以巩固学习、检验教学效果等。因此，面对学生完成的任务，教师不能忽视。教师要针对性地评价，关注每一位学生，因为他们都希望得到教师的肯定与表扬。

四、注重教师与学生的角色的定位

任务驱动式前置教学是"以任务驱动、教师为向导、学生为主体对象"建构主义理论框架下的一种教学模式。在教学操作上，应特别遵循教师为主导、学生为主体的教学原则，重视发挥教师的主导作用，引导学生快速进入自主学习探索状态，鼓励学生在学习过程中发挥其能动性、积极性和创新性。

如在给出任务后，教师不要急于讲解，而是要让学生讨论分析任务。学生需学会分析、讨论、完成和创新任务，从而成为教学活动的中心角色，促进教师的教和学生的学的关系和谐发展。甚至整个过程中，教师应担任组织者、引导者、信息源的角色。教师应让学生自主去习得新知识，学会如何运用所学到的知识解决问题；让他们亲自体验这种发现问题、完成任务的过程；让他们在这一过程中学会独立思考。

第九章　锦囊妙计：前置教学的设计技巧

第一节　前置教学的常规与创新

一、前置教学的常规

（一）常态化发展

前置教学倡导以学生为主体，将新知前置，从而达到先学后教的效果。

教育是一种慢的艺术，它需要教师不断紧跟教育潮流的步伐，不断创新自己的教育模式。前置教学模式是来自常态的教育实践的总结与归纳，综合考虑学生的认知水平和生活经验，给学生布置一些课外或课内、具有思考价值的任务，而对于那些难以自主学习的内容，教师会想方设法去创造条件、改变前置教学的形式，尽一切可能让学生先学一步，让学生去充分研究和自主探索，为课堂教学的顺利开展奠定基础。

（二）规范化开展

"无规矩不成方圆"，前置教学也不例外。前置教学模式要全面地开展，就得有序、高效、科学，教师需不断规范教学角色，制定科学的方法，规范前置教学的行为。

为顺应素质教育的要求，确保前置教学的实施，学校应做好协助工作。一方面，应着力营造一种自由开放与规范统一的校风和学风，促进学生的发展。另一方面，学校要加强指导和管理，定时检查教师的教法，或聘请骨干教师开展研究指导讲座，还可定期举办教法经验交流等，把改进教法学法指导作为一个重要切入点来抓，提高教师专业素养，让教师有科学的教法，让学生有科学的学法。在实施过程中，教师要集体研讨教学计划，比如备、教、辅、检、研等各个环节，注意学生的情感活动、参与程度、思考意识的变化，从而培养出学生自己能准备、能动手、能整理的良好学习习惯。

（三）适度化进展

当前的教育提倡以生为本，尊重学生的主体性，但这并不意味着对学生放任自流。采用前置教学模式，是为了把更多主动权还给学生，让学生充分发挥自主精神，但并不意味着教师不去组织学生学习，退出教学的舞台，成为一个旁观者。教师应注意收和放的度，不让前置教学变为异化的自主学习——放任自流。

经过师生交流，了解学生的学习情况和对学习的渴求后，教师可以适当考虑和采纳他们的想法，但不能完全按照学生的需求走，因为这并不是以学生为主体的真正做法。以学生为主体不是意味着教师无主见、完全处于被动应付地位，相反，教师应处于更加重要的位置，让前置教学有序地开展。当学生还没对新知产生强烈的内驱力时，不应自由放手地让学生自定、自选学习内容，否则，结果将会适得其反。教师应创造条件，分析学情，在宽松愉快的教学氛围中活化新知，高效落实前置教学。在这过程中，教师应控制、调节自己的教学行为，同时又不过分地约束、限制学生的主动性和创造性。只有这样，才能真正发挥前置教学的作用。

二、前置教学的反思

"学然后知不足，教然后知困。知不足，然后能自反也；知困，然后能自强也。"古人启示我们每一位教育工作者要铭记教学反思的工作。反思会助我们成长，为教师生涯注入活力，使我们的教学艺术永葆青春。因此，在进行前置教学时，我们的教师也需要不断反思，不断发现问题，不断研究问题，以适应新课程改革的要求。

（一）陷入困境

1. 教学观念的限制

传统教学倡导以知识为本位，以教师为中心；教师就是"权威"，对学生进行牵鼻式、填鸭式的教学；课堂更多的是关注知识的灌输，学生成为知识的容器。这样的教学，忽略了学生的全面发展，遏制了学生的能动性和创造性的发挥，轻视了学生的差异性，不尊重学生的个性发展。在传统教学观念支配下，教师的教学方法是单调刻板的，模式是单一的，即教师写学生记，教师问学生答；重视考试，忽视实践活动，而且附加庞大的作业量，把考试分数作为衡量学生的唯一标准。师生之间的关系难以平等，以学生为主体的课堂也难以实现，活动参与式的前置教学、任务驱动式的前置教学等丰富多样的教学模式也难以实施。

2. 实际操作的偏差

采取前置教学，教师可能在实际操作时，没有很好地结合学生情况、教学条件、新的知识，这将会导致教学效果不佳。一方面，可能是教师对教材的分析不全面，致使新知与前置教学的形式不匹配，没有充分了解学情，对开展教学并没有起显著作用。另一方面，对于前置教学的模式，只重理论却轻实践，或实践后没有进行反思与升华，这样，实质是浪费时间与精力；又或者预设生成的前置教学，未能顺利开展下去。

其实，无论实行哪种新的教学模式，在开始，可能其教育效果不太显著，但只要我们进一步深入学习、反思，紧扣课标，突出重点，落实基础知识能力，减少数量指标，简化操作程序，最后也运用得好。

(二) 找到通道

1. 反思教学理念

新课程改革的核心理念是"为了每一个学生的发展"。为了把这一理念落到实处，教师必须尊重和爱护每一位学生，努力构建新型的师生关系。因此，先进的教学理念会引导教师思考和明确自己的角色，让教师认识到在教学过程中教师不是单纯的教书匠，还是学生构建知识、提高能力的组织者和管理者，是学生活跃思想、展现个性的引导者等。这些教学理论使教师摆脱传统教学观念的限制，能主动了解、接受、实施前置教学。

然而去接受、实施前置教学还不够，还需在反思中提升经验。这时，先进的教学理念帮助教师反思前置教学存在哪方面的合理性和局限性，从而成为自己独特的教学智慧，促进前置教学持续发展。

2. 反思教学形式

新课程改革倡导教师教学方式的设计从学生的生活经验和兴趣出发，关注学生在学习过程中的情感体验。前置教学通过多种形式展开，比如，知识整理式前置教学、活动参与式前置教学等，是让学生通过思考、查找、讨论、交流和合作等方式去完成学习的。因此，教师要结合新知及实际条件，遵循以学生为主体的原则去选择恰当的形式，并在课后进行反思：利用这种形式的前置教学很成功，如果换成另一种形式的前置教学，效果是不是更明显？多问自己为什么，多反思自己的教学形式，课堂才会越来越精彩，学生才会学有所成，教师才会学有所长，共同受益。

3. 反思教学行为

首先，反思前置教学为学生、为课堂带来哪些成功，例如典型的任务式驱动、精彩的问题生成、有益的活动参与、巧妙的课堂引入、留有拓展式的非书面作业等等精彩的环节。快速将这些成功之处记录下来，仔细分析，长期积累，必将有效地促进前置教学的发展。

其次，反思教学中的失误。教学是一门遗憾的艺术，我们要将遗憾不断地减少，例如在采用活动参与式前置教学时，教学的组织方面有纰漏；任务驱动式前置教学时，任务表达不到位等等，即使是再完美的教学也难免有疏漏和失误之处，也会有实际操作的偏差。把这些教学中的"败笔"记录下来，进行回顾，并作深刻的反思、耐心的探究和精心的剖析，及时吸取教训，这一切将成为教学的财富，有利于今后更好地实施前置教学。

三、前置教学的创新

（一）善于积累，厚积薄发

教师不仅要使一种新的教学模式成为常规化，而且要不断创新教学模式以适合新课改的发展。教师必须将自己的教育经验升华为自己的教育智慧，以适应新课改的需要，为课程改革的成功提供保障。

前置教学在实际教学中有可能存在不合理的部分，我们必须摒弃。以活化课堂教学、培养学生发散求异思维、拓展学生视野、激发学生兴趣为目标，教师应大胆创新前置教学模式，严格进行教学管理，认真落实教学计划，时常开展创新型教研活动，不断积累，不断总结，不断领悟，创新前置教学，以提高教学效率。

（二）善于思考，灵感迸发

前置教学的发展离不开创新，常规与创新是相辅相成的。创新有赖于前置教学常规工作的完善，而不断地探索与创新是使教学历久弥新的必要条件。前置教学的创新是建立在惯于思考与善于思考的基础上的，教师除了多实践多积累，还应常常思考，让思维经常处于活跃的状态。只有不断地思考，才会迸发出灵感的火花，更好地创新前置教学模式。

第二节 前置教学的预设与生成

一、前置教学的预设

预设性是前置教学的重要特征之一。预设可以理解为前提、先设和前设，指的是教育者为了顺利、科学地开展教学所做的准备。

（一）预设之内容有规划

教师在采用前置教学操作期间，要注意遵循预设性的原则。教师在构建课堂时，要有一定的计划性。首先，要把教学内容进行优化划分、整合、重组，拟出符合学生认知水平的教学目标，使教学活动有序进行。选择恰当、有价值的内容是前置教学有效性的前提和关键，能更好地为学生提供具有一定挑战性的前置任务。其次，教师需要不断对教学进行回顾、分析、反思，以使往后的教学更有智慧，更好地引导学生深入探究。最后，有计划地根据教学目标、学生的心理特征，有步骤地提前预设活动，以便有充足的时间对前置教学进行试教，修改，完善，促进教师自身的持续发展。

（二）预设之途径有精彩

学生全面发展的目标是通过丰富多样的教育途径实现的，前置教学的设计和安排是基于各种教学内容和教学目标，整合教学资源，预设的途径才能更好地为教学内容服务。根据不同年级学生的学习内容和学习规律进行预设，针对性选择弹性化方式，如任务驱动式前置教学、作业布置式前置教学等，做到想学生所想，备学生所想，同时彰显教师的主导性，丰富课堂的内涵和外延。

设计前置教学的途径，应凸显学生学习的主体，使学生的知识得到丰富，能力得到提高，思维得到发展。所以，针对不同的教学内容和教学目标，需要采用与之相对应的预设途径，使教学途径与教学内容达到最优的组合，教育质量得到提高。

二、前置教学的生成

前置教学的生成能焕发出教学的特有魅力，将预设转化为动态生成，使课堂呈现出灵活性、随机性和多变性，彰显教学发展的个性。

（一）把握时机

采取前置教学模式，课堂中会蕴含着海量信息，它或许不是显性的，而是隐蔽的，有的甚至是稍纵即逝的。它需要教师有一双善于捕捉的眼睛，抓住时机，通过分析、判断，把有价值的信息纳入教学，而对价值不大的信息给予屏蔽，以保证教学的有效实施。这时，教学的信息有效了，学习的空间广阔了，学生的思维活跃了。

前置教学不是封闭系统，不会拘泥于预先的设定。教师课前尽可能精心预设和考虑学生学习活动的各种可能性，但要有开放意识，如果发现潜在或始料未及的信息，就好"借题发挥"，点燃学生智慧的火种，生成精彩的课堂。

（二）借题发挥，巧妙生成

叶澜教授说："课堂应是向未知方向挺进的旅行，随时都有可能发现意外的通道和美丽的图景，而不是一切都必须遵循固定线路而没有激情的行程。"

教学虽然要遵循教案，但在教学过程中应因势利导，借助学生完成前置任务顺理成章介入教学。

教师应以学生先行的学习活动来确定教，从学生可持续发展的高度去启发学生探究思索，激发学生的求知欲；不仅培养学生掌握基础知识和基本技能，而且培养学生的创新性思维，使他们具备一定的科学素养和人文素养。与此同时，注重贯穿新知，优化教学结构，巧妙生成有价值的教学内容，使课堂之花美丽绽放。可以说，能否巧妙借助前置教学，将直接影响教学活动的实施与效果。

三、前置教学的变通

（一）变通需智慧

教育需变通，变通需要智慧，有智慧的变通能使教育更具有生命力。教师采取前置教学时，要提前设计好教案，预留时间以应对意外。在教学实践中，如果教学设计过于详细、具体，甚至把教案准确到学生怎么回答，用什么词语回答，这看似"天衣无缝"，实质上丧失了应有的灵活性，反而将课堂变得单一、呆板。

因此，无论选择何种形式的前置教学，教师都应该"留有一手"，懂得变通，善于利用智慧应对各种教学偶发事件，以使教学顺利进行。

（二）变通需灵活

随着前置教学的不断深化，应在别人的经验和自己的实践上，加以总结和创新，比如根据学生的反馈情况，灵活变通预设的教学环节，为学生提供更开放的课堂。

通往广场的路不止一条，同样，达成教学目标的途径也不止一条。教学要善于变通，此路不通就走另一条，再不行就再换。教学是动态的，往往会有许多意想不到的问题，这就应随机应变，调整教学策略，力求把前置教学的作用发挥得淋漓尽致，使课堂更加精彩。

第三节　前置教学的启示与展望

一、前置教学的深究

（一）由表及里

前置教学的开设，是一步一步地引导学生进入主体的角色，让学生去认同自己，根据教师课前布置的任务，借助生活的经验和原有的知识水平，尝试率先探究知识的深度。形式和内容会随着不同年级的学生而改变，但执行过程都是按照初衷进行，学生永远是主体，教师则担任主导角色。前置教学从多元视角、不同层面让学生预先了解新知，从表层到深层，打破教师的一言堂授课方式。师生共同构建全新课堂，由表及里建立前置教学的体系，为现代教育提供支持，同时为改革教学开启重要的维度和方向。

教师应注重和掌握前置教学的实施过程，对学生的前置任务要进行多元的评价。前置教学旨在提升学生的主体意识和创新能力，课前全面了解学生完成前置任务的来龙去脉，去粗存精，联系新知，从而推动学生深入认识和多元发展，开拓学生的思维空间，致力学生的全面发展。

（二）由浅入深

前置教学的进行需要循序渐进，由浅入深逐渐达到普及的程度。前置教学的影响正在从浅层次的运用，转向更深层次的思考和改变，不断融合新元素、新理念。下面试以《编童话故事》为例说明。①

《编童话故事》是作业布置式前置教学，进行的方式是逐步开展，选取的方式符合小学生的年龄阶段，操作步骤由浅入深。

《编童话故事》课前布置的先学作业是：每人先画一组有关动物的故事连续图画，可三幅，可四幅；或者找一找这样的图画，图画上的故事要完整，每幅图最多配上一句概括的话。

早上，每个学生把画交上来。教师把这些画分成三类，第一类，画很美观，故事有趣，有创意，完整；第二类，画图一般，故事平淡；第三类，画图糟糕，故事不完整。分好后，教师及时找来第三类画的主人，了解原因。有的是不能把想象的小动物画出来，在家里学习时没有工具的辅助。这样的学生，可以提醒他们，并在班上发动大家或小组帮忙，重新完成。有的是既不会画，也想不出什么动物，可以让他们先画上几只小动物，其他场景空着，让他们慢慢想，想到再补充上去。这样，既实现了作业的检查和督促，又为上课做好了准备。

上课了，适当选动物（主人公），了解可以编哪些题材的故事后，请学生拿出自己的画，看着画来讲故事。这时再请一个第二类画的学生上来，当然他的故事编得不会很精彩。

他指着第一幅图，说："有一天，小猴皮皮和小兔甜甜来到公园里玩。"又指着第二幅图说："小兔甜甜看见一棵树，就问小猴皮皮：'这是什么？'小猴皮皮说：'这是雪松，它不怕冷，冬天也不掉叶子，绿油油的。'"然后，讲第三幅图的故事，小猴皮皮教小兔甜甜认含羞草，最后一幅图就说它俩高兴地回家了。教师说："他讲的故事通顺、完整，我们听明白了，谁能给他提些更好的建议，使他的故事丰富精彩些吗？"

生$_1$说："他的故事有对话很好，可是没有动作，要加些动作。"

---

① 李玮兰. 作文前置性教学［J］. 广东教育，2009，(4)：27—28.（编者略有改动）

师:"加动作更生动,还加些什么呢?"

很多学生说表情、心理活动,大家兴致很高。教师请学生来示范。

生$_2$说:"它们高兴地走进公园,心想:这里景色多美啊,空气多清新啊!小兔甜甜一蹦一跳地往前走,看见一棵树,皱起眉头问小猴皮皮:'这是什么?'"

师:"加了这几个动词、形容词后,故事更好听了,每个人都能把故事讲得更生动,现在就再请一位同学来讲。"

这次,请了一个第一类画的同学来讲。在刚才指导的基础上,他讲得很好,给其他同学树立了很好的榜样。接着同桌讲,学生的表现欲早就爆发了,于是讲得特别热烈,编的故事基本达到目标。

这节课因为有了这些图画在手,学生底气特别足,平时作文无从下手的同学也基本能看着图把故事讲清、讲完整。由此可见,前置性教学提高了学生学习的兴趣和效率,学生学得更扎实更主动。

这是一次有别于传统的前置教学。教师通过前置作业大大地调动了学生学习的积极性。首先针对性进行学情分析,接着才正式开展教学。教学伊始,学生的参与热情并不大,后来通过教师的前置作业引导,一步一步深入学习,最后达成教学目标。这说明,前置教学不能求急,而应由浅入深,从"前置"到"后知",最终完成教学任务。

二、前置教学的启示

(一)教师教学的魔术棒

前置教学使教师的角色有了转变,打破了师生关系不平等的局面,使教师由居高临下的权威转向平等中的首席。前置教学使教师从拼时间拼体力的层面上解脱出来,可以更科学、更有序地指导学生怎么去学,如何去学。

如何进行高年级习作前置教学[①]

例如作文教学，我们老是批评学生没有观察生活、体验生活，才导致无话可写。可是有的学生观察了生活，体验了生活，还是无话可写，这是什么原因呢？这可能是他们观察不仔细，或者说他们还不知道到底要观察和记录什么。这就要求教师对观察和记录作适当的指导。一是教师可以带着学生一起观察、记录，如拔河比赛时引导学生观察选手们的表情；天气变化时，引导学生看云彩的颜色、形状变化；小草发芽时，带着学生一起去感受小草的质感等等。二是用列表或问卷的形式引导学生记录下生活。比如，人教版小学语文六年级上册"习作2"要求学生记录自己向父母表达爱的一件事。这时，我们可以用问卷的形式引导学生记录家庭生活的情景。如你向父母表达爱之前，你心里是怎么想的？你的父母听到你的表达后，他们的表情是怎么样的？他们说了什么样的语言？都有哪些动作？这样，即使教师不在身边，学生也能将事情的经过记录清楚。习作时，就不用费力地回想当时的情景了。

的确，前置教学就像教师手中的魔术棒，可以帮助学生改变单一的接受式学习，着重演绎、归纳的结合。同时，教师学会了尊重学生的个性和独特见解，鼓励学生大胆质疑，鼓励学生深入讨论，鼓励学生自我解读。

(二) 学生学习的助跑器

叶圣陶先生说："放手让学生去历练。"前置教学支持学生自主学习，充分发挥学生的主动性，激发学生的潜在能力；同时强调学习是学生自己的事情，需要独立自主完成。前置教学使学生的问题提前暴露，促使学生利用已掌握的知识去解决；如果一时无法解决，则在学伴或教师的帮助下，构建知识意义，提高认识水平。比如，活动参与式前置作文教学的前置问题：如何

[①] 李崇玥. 浅谈高年级习作前置教学 [J]. 七彩语文（教师论坛），2012，(8)：31. 本文略有改动，题目为作者所加。

收集素材？可以通过"抢凳子""两人三腿行走""手抄报比赛""钉纽扣比赛""我们去购物"等活动获得。在活动中，每个学生都有了亲身经历，都有自己的体会和感悟，这样写起来就轻松多了。"拔河时，运动员的表情神态各异。你看，……"由于前置了任务，写拔河比赛，学生已经对这样的画面有了很好的把握。前置任务，化繁为简，既减轻了学生的负担，又降低了作文的难度。

前置教学倡导"授之以渔"的方式，有助于开发学生的智力，培养他们良好的情感态度与正确的人生价值观。学生间的合作和教师针对性的指导，两者相辅相成，将单一、枯燥的传统教学，变成异彩纷呈、生机勃勃的教学；使学生学在其中，乐在其中，"跑起来"更快、更有劲。

三、前置教学的展望

（一）脚踏实地

教育是一项"踏实"的事业，需要每一位教育者脚踏实地地为教育做一些实在的事情。前置教学便是实现"踏实"事业的一种方式，按照学生身心发展的规律，真真正正着眼于每一位学生的长远发展。

前置教学的形式多样，可以通过多种样式去匹配教学内容，去激发学生的学习兴趣，提前预热新知，激发创新性思维，让每一位学生拥有展翅高飞、自由翱翔的机会。这种教学方式有别于传统的预习，它不是简单地对学习内容进行预习，而是促使学生获得真正意义上的成长。一开始，这种教学方式的效果或许不明显，但终将体现在学生心灵和智慧的深处，影响着他们的未来。

前置教学遵循先学后教、以学定教的基本原则，从根本上改变了先教后学、先教后做的传统做法，使课堂教学更有目的性和实效性，更加突出了学生的主动性和积极性。因此，把前置教学脚踏实地地发挥到淋漓尽致，将会使课堂更加富有内涵。

(二) 仰望星空

前置教学的创新为解决一些教学问题提供了一些范式,同时,前置教学作为一种实践时间不长的方式,可能还存在很多不足。我们现在了解到的前置教学只是冰山一角,并没有彻底、深入地掌握其精髓,这迫切需要我们丰富其内涵。比如,实施策略还欠丰富,操作条件还需细致;又或者站在前置教学的"肩膀"上,创新出一种更有创造性的教学模式,为教学改革提供智慧动力。

目前,可能还有许多教育者对前置教学不了解、不理解、不掌握,我们现在的工作便是循序渐进,为大家提供更多具体可行的操作方法。前置教学发展到现今,虽然已是来之不易的成果,但它还处在探索阶段,我们还需发挥智慧,既要脚踏实地,又要仰望星空,为教育的前途不断地实践、思考和探索。

"路漫漫其修远兮,吾将上下而求索。"发展前置教学,空有理想和热情还不足以前行,它更需要直面困难的巨大勇气,需要仰望星空的深刻思考。

参考文献

1. 庞维国. 自主学习——学与教的原理和策略 [M]. 上海：华东师范大学出版社，2003，(7)：158.

2. 韩进之. 教育心理学纲要 [M]. 北京：人民教育出版社，1989，12：118.

3. 汪凤炎，燕良轼. 教育心理学新编 [M]. 广州：暨南大学出版社，2011，(7)：270.

4. 邵瑞珍. 教育心理学 [M]. 上海：上海教育出版社，1988：254.

5. 杨桂华. 生物教学中"教学重心前置"浅谈 [J]. 中学生物学，2009，(10)：19—20.

6. 范德宪. 数学预习提纲设计之我见 [J]. 中学数学，1998，(6)：9—10.

7. 陈振华. 解决教学适应性问题的现代路径 [J]. 高等教育研究，2013，(6)：55—61.

8. 陈铨. 小学生心理发展的阶段性与数学教学的阶段性 [J]. 心理发展与教育，1986，(12)：56—60.

9. 潘家顺. 新课标下对学生整理归纳能力的培养 [J]. 科技信息，2006，(5)：153—157.

10. 刘效宁. 浅谈政治课自学能力的培养 [J]. 思想政治课教学, 2001, (6): 14－15.

11. 叶尧城. 数学课程标准教师读本 [M]. 武汉: 华中师范大学出版社, 2003: 196.

12. 毕华林. 走向生本的教科书设计研究 [D]. 济南: 山东师范大学, 2006: 83－84.

13. 于淑芹. 整理复习课在数学教学中的作用 [J]. 黑河教育, 2013 (6): 43.

14. 陈永强. 如何提高单元知识整理的有效性 [J]. 学苑教育, 2012, (22): 51.

15. 赵敏. 如何引导学生构建知识体系 [J]. 北京教育（普教版）, 2013, (12): 39－40.

16. 让·雅克·卢梭著, 彭正梅译. 爱弥儿 [M]. 上海: 上海人民出版社, 2005: 223.

17. 颜昌明. 兴趣激发模型及初中生数学学习兴趣激发策略探讨 [D]. 桂林: 广西师范大学, 2008: 8.

18. 李桃. 基于"最近发展区"理论激发理科生地理学习兴趣的研究 [D]. 西安: 陕西师范大学, 2013: 34.

19. 杨维纲, 等. 课堂讲授法 [M]. 西安: 西安电子科技大学出版社, 1993: 123.

20. 曾凌鹰. 兴趣发展规律在教学中的应用 [J]. 基础教育研究, 1999, (4): 32－33.

21. 孙秋海, 樊文格. 兴趣是最好的老师——浅谈激发兴趣的几种方式 [J]. 邢台师范高专学报, 2000, (3): 65－66.

22. 侯正琴. 例谈兴趣教学模式在小学数学教学中的应用 [J]. 新课程研究, 2009, (1): 83－84.

23. 郭戈. 关于兴趣教学原则的若干思考 [J]. 教育研究, 2012, (3): 119-124.

24. 时芳. 兴趣教学热中的冷思考 [J]. 科教文汇, 2009, (11): 47.

25. 李永联. 如何布置小学高年级语文前置性作业 [J]. 《新课程·上旬》, 2015, (06).

26. 赵志伟. 旧文重读——大家谈语文教育 [M]. 上海: 华东师范大学出版社. 2007: 132.

27. 李多菲. 语文预习研究 [D]. 哈尔滨: 哈尔滨师范大学, 2012: 30.

28. 吴长勤. 浅议前置补偿、迁移与课堂减负 [J]. 中等医学教育, 2001, (2): 15-16.

29. 黄鸽. 自由预习填补语文预习的"黑洞" [J]. 青年教师, 2014, (5): 52-53.

30. 中华人民共和国教育部. 义务教育数学课程标准 [M]. 北京: 人民教育出版社, 2003: 45.

31. 皮连生. 智育心理学 [M]. 北京: 人民教育出版社, 1996: 106.

32. 赵春英. 及时反馈矫正, 提高教学质量 [J]. 甘肃教育, 1997, (5): 18.

33. 黄卫韶. 试论初中数学预习作业的设计 [J]. 教育教学论坛, 2013, (7): 179-180.

34. 高原, 朱青. 由"导学案"引发的关于预习的反思 [J]. 教育科学论坛, 2012, (1): 23-25.

35. 钟珏. 巧设前置性作业, 构建生本高效课堂 [J]. 教育科研论坛, 2013, (12): 53-54.

36. 张文娟. 趣味化, 多层化, 多元化——兼谈新课标下小学数学作业的设计 [J]. 考试周刊, 2013, (38): 85.

37. 黄静. 生本理念下前置性作业设计的基本策略 [J]. 科学中国人,

2014，(12)：93.

38. 陈华安. 变式法设计作业的实践与探索 [J]. 数学教学研究，2012，(3)：35—41.

39. 孙雪芹. 浅谈前置性作业的设计 [J]. 《新课程·中旬》，2013，(11)：72—73.

40. 斯布吉德. 小学数学教学中应重视学生自主探究与合作交流能力的培养 [J].《现代教育科研理论》，2013，(10)：49.

41. 黄新梅. 识字前置性教学 [J]. 广东教育，2009，(4)：28.

42. 陈雪芬. 精心预设，为了预约有效生成——也谈数学课堂教学中的预设和生成 [J]. 科技资讯，2008，(15)：185—186.

43. 杨宝娇，周小方. 问题前置生成式教学法的探索与实践 [J]. 物理通报，2012，(3)：15—16.

44. 李玮兰. 作文前置性教学 [J]. 广东教育，2009，(4)：27—28.

45. 李崇玥. 浅谈高年级习作前置教学 [J]. 七彩语文（教师论坛），2012，(8)：31.

46. 唐文中. 教学论 [M]. 哈尔滨：黑龙江教育出版社，1990：126.

47. 管国贤，严育洪. 任务驱动式教学在小学数学教学中的应用 [J]. 江苏教育研究，2012，(08)：51—56.

48. 管锦善. 让学生成为语文学习的主人 [J]. 新语文学习（教师版），2010，(5)：50—51.

49. 郭莹，戴心来. 基于任务驱动式小组合作学习课堂教学设计——以《高级网络搜索》为例 [J]. 中小学电教，2011，(12)：66—67.

50. 王林发. 新课程语文教材教法 [M]. 广州：暨南大学出版社，2010：14—17.

51. 李焕蕴. 以前置教学推动学校发展——走进保定市徐水小学 [J]. 河北教育（教学版），2012，(10)：8—9.

52. Harp, SF, Mayer, R E. How seductive details do their damage: a theory of cognitive interest in science learning [J]. Journal of Educational Psychology. 1998, (3): 414—434.

后记

前置教学，让生本课堂充满张力

在以学生为主体的新课程改革背景下，强调教师要关注学生内心真正的学习需求，要以学生的发展为本，充分发挥学生的主观能动性，使学生爱学、乐学，真正成为信息加工的主体和知识意义的主动建构者。

前置教学的理论基础是人本主义、建构主义和最近发展区等先进的理念，强调教师为主导，学生为主体，注重培养学生的自主学习能力，从根本上改变了以往由教师主演的"一言堂""满堂灌"的传统教学模式，也改变了先教后学、先教后做的传统教学流程，在实践上给教师如何打造以生为本的课堂和如何"先学后教、以学定教"提出了具体可行的设计和操作方法。这样便使在前置教学指导下的生本课堂更有目的性和针对性，不仅凸显了学生的自主性、积极性和能动性，也凸显了教师的主导性，有效提高了课堂教学效率和学生的学习能力，使生本课堂更加富有内涵，更加充满张力。

由此看来，本书所提出的前置教学的设计与操作是有效的、可行的。它以全新且全面的理论视野对前置教学进行了深入探讨与研究，并紧跟新课改的步伐，详细地审视、论述和反思了前置教学的理论与实践，构思精巧新颖，语言通俗易懂，方法实用科学，可操作性强，有助于一线教师对前置教学的策略与方法进行全面的了解与实施。相对于其他类型的前置教学方面的书籍，本书的主要特色有以下三个方面。

一是内容丰富具体。本书基于实践层面，深入调查研究了各个年龄阶段学生的大部分课程，确定常用的七类前置教学：知识整理式、兴趣激发式、新课预习式、作业布置式、活动参与式、问题生成式、任务驱动式，并揭示各类型前置教学实践可供遵循的一般规律。更重要的是，本书在论述前置教学相关理论知识之后，选取了相应的来自优秀一线教师的教学案例，并进行有针对性的分析，使读者不但知其然，更知其所以然。

二是顺应时代需求。新课程强调"以生为本"的教学理念，本书就是根据这一理念提出的教学方式，注重学生主体性和教师主导性的显现，针对不同前置教学类型，有针对性地提出不同的设计原则、方法，以及操作原则、过程和方法，以适应不同教学内容在前置教学中的传授和交互学习，发挥前置教学的优势，促进教学相长。

三是操作性强。本书力图通过翔实的案例、生动简洁的语言以及具体实用的方法来阐述前置教学的设计与操作，着重于切实、可行，操作性较强。本书还对前置教学中容易出现的问题提出了应对策略。

想要成功并非易事，编写本书亦是如此。在撰写过程中，预设外的事件时有发生，耽误了撰写进度，甚至一度被迫搁置。但幸运的是，我们得到很多同行、专家及家人的支持、鼓励和帮助，我们有了坚持不懈的动力和克服困难的信心，成功地将阻碍的绊脚石踩在脚底，从而促使我们能够顺利完成本书的撰写工作。在这过程中，衷心地感谢福建教育出版社的鼎力支持。

由于作者水平所限，本书难免会有些错误或疏漏之处，如一些案例不够严谨翔实，或引用作者成果标注出现疏漏，或其他不妥之处等。如有发现，敬请广大热心读者通过电子邮件（277492265@qq.com）致信王林发，以期再版时加以勘正。我们将对此表示真诚的感谢！

在编写本书过程中，我们参阅了诸多专家学者的研究成果，引用了大量优秀教师的相关案例，在此对他们表示诚挚的谢意！同时，我们也衷心希望本书能为教师在教学过程中解决实际困惑提供一些有益启示。

著　者

2015 年 11 月 6 日